8. Z
LE SENNE
7158

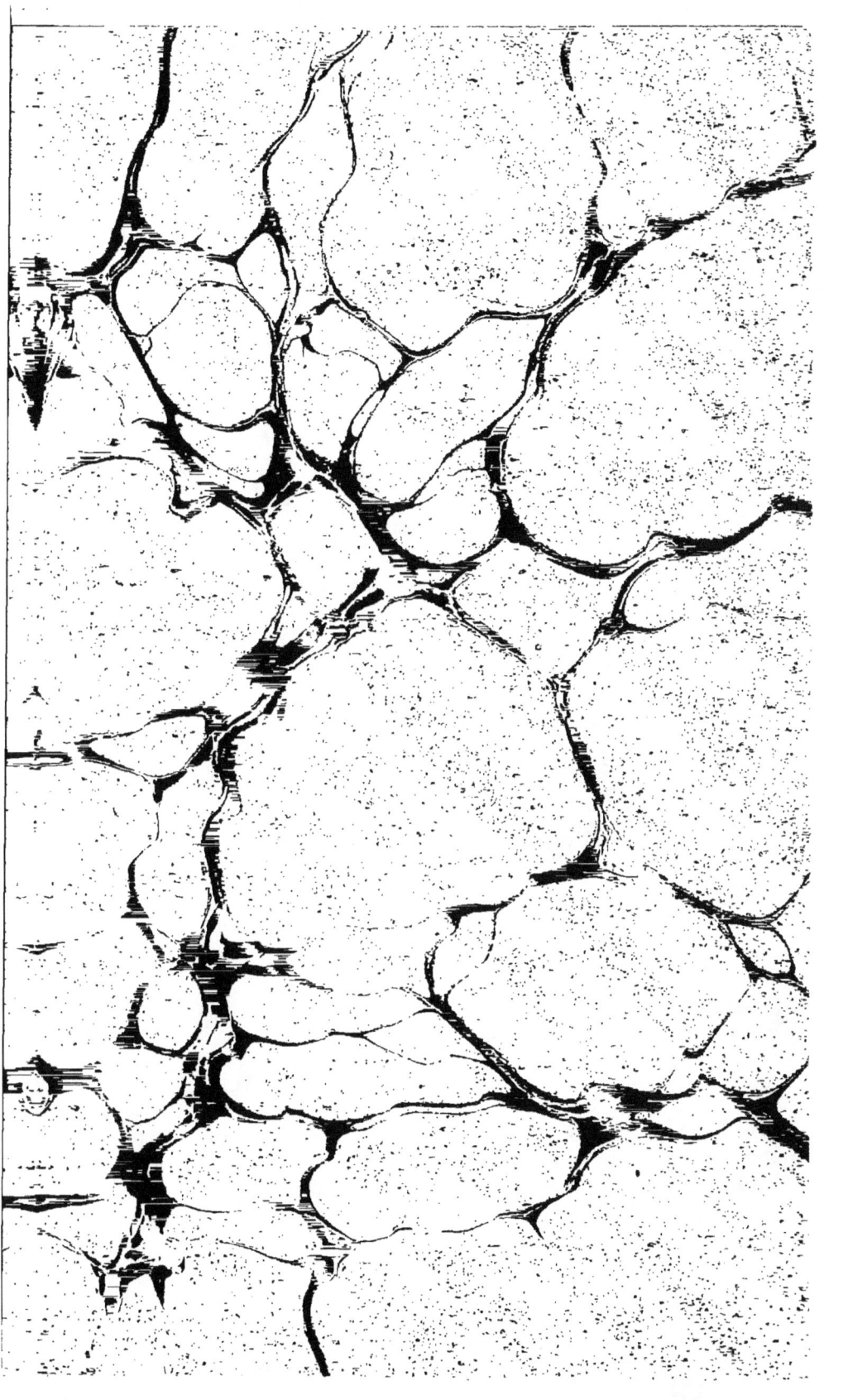

Hommage très respectueux

21 août 1887 — N. Durand,
curé d'Almenêches.

VIE ET CULTE

DE

SAINTE OPPORTUNE

ABBESSE D'ALMENÊCHES, DIOCÈSE DE SÉEZ

VIE ET CULTE

DE

SAINTE OPPORTUNE

ABBESSE D'ALMENÈCHES

DIOCÈSE DE SÉEZ

PAR

l'abbé M. DURAND

Curé d'Almenêches

LAIGLE
IMPRIMERIE DE PASCAL MONTAUZÉ
4, RUE DES TANNEURS, 4

1873

APPROBATION

de Monseigneur l'Evêque de Séez

Charles-Frédéric Rousselet, *par la miséricorde divine et la grâce du Saint Siège apostolique, évêque de Séez, sur le rapport favorable qui nous a été fait touchant* la Vie et le Culte de Sainte Opportune, *nous autorisons l'auteur, M. l'abbé Durand, curé d'Almenêches, à publier son pieux et intéressant travail. Nous bénissons la pensée qui l'a inspiré et nous avons la confiance qu'il contribuera beaucoup à raviver et à étendre de plus en plus le culte de la sainte Abbesse, l'une des gloires les plus pures de notre diocèse.*

Donné à Séez, le 3 septembre 1872, en la fête de Saint Godegrand.

† Ch.-Fréd., *évêque de Séez.*

INTRODUCTION

La plus illustre Vierge, dont s'honore l'église de Séez, est sans contredit sainte Opportune, abbesse d'Almenêches, au VIIIe siècle. Durant sa vie, comme après sa mort, elle a opéré un si grand nombre de miracles qu'elle a mérité le nom de Thaumaturge de la Normandie, et son culte s'est répandu promptement dans presque toute la France.

A l'exemple de l'Evêché de Séez, les diocèses de Paris, de Versailles, de Meaux, de Poitiers, de Blois, de Nantes, d'Evreux, de Coutances, etc., ont dressé des autels et élevé des monuments religieux en son honneur. Les écoles de la célèbre Université de Poitiers étaient appelées les *Ecoles de sainte Opportune*, et à Paris, dans les processions solennelles, la Chasse de la pieuse abbesse ne manquait jamais de figurer à côté de celles de sainte Geneviève et de saint Honoré.

De leur côté, les Normands vainqueurs transportèrent en Angleterre le culte d'Opportune et, dès le onzième siècle, saint Osmond, comte de Séez, devenu évêque de l'antique église de Salisbury, s'empressa d'inscrire son nom dans les litanies des Saints.

Quelques auteurs, se copiant les uns les autres, ont voulu contester à Almenêches l'insigne honneur d'avoir possédé sainte Opportune pendant sa vie, et, traduisant le mot latin *Monasteriolum* par Montreuil, ils ont prétendu que la Bienheureuse n'avait pas vécu dans le monastère d'Almenêches, mais dans celui de Montreuil-Largilé, près Bernay (Eure), quoique son nom y soit à peine connu.

Saint Adelin, évêque de Séez, qui le

premier écrivit la vie de la sainte Abbesse, dit qu'elle se fit religieuse dans un monastère situé près de la ville de Séez, dans le bois d'Auge et vulgairement appelé *Monasteriolum*. *Monasteriolum* ici ne veut pas dire *Montreuil* mais *petit monastère* ; l'on distinguait ainsi le monastère de sainte Opportune d'un autre plus considérable, qui se trouvait dans la même paroisse et avait pour abbesse sainte Lanthilde.

« Le territoire d'Almenêches, dit l'au-
« teur du *Dictionnaire historique* de France,
« contient deux grandes paroisses conti-
« guës, qu'on appelait également de ce
« nom jusqu'à ces derniers temps où l'on
« a nommé l'autre paroisse le *Château* d'Al-
« menêches ou simplement le *Château* à
« cause du château que les Montgommery
« ou leurs prédécesseurs y avaient bâti.
« C'est dans cette dernière paroisse, qui
« est aussi appelée en quelques titres :
« *Vieilles Almenêches*, que le monastère de
« sainte Lanthilde devait être situé. Sans

« doute qu'il était plus considérable et que
« c'était par comparaison avec ce plus
« grand monastère que l'abbaye de sainte
« Opportune avait été appelée : le *Petit Mo-*
« *nastère, Monasteriolum*. »

Le seul argument tant soit peu spécieux allégué pour établir que sainte Opportune était abbesse de Montreuil repose sur une raison topographique. D'après saint Adelin, disent les défenseurs de ce sentiment, saint Godegrand avait quitté le monastère de sa sœur Opportune et il *était passé par Nonant* pour se rendre à l'abbaye de sainte Lanthilde, sa tante, lorsque, près de la butte de Bonnevent, il tomba sous les coups de l'assassin Chrodebert. Puisqu'il *passait par Nonant*, il ne pouvait pas venir d'Almenêches, mais de Montreuil, attendu que *Nonant* se trouve sur le chemin direct de Montreuil au monastère de Lanthilde. Tel est leur raisonnement.

Nous ne saurions mieux le réfuter qu'en

recourant au témoignage de l'auteur même qu'ils nous opposent.

Godegrand, après avoir quitté le monastère de sa sœur, commença la visite de son diocèse, saint Adelin le dit positivement. « *Cœpit tanquam pius pastor iter arri-* « *pere ut animan suam pro ovibus suis a Do-* « *mino commendatis possit ponere.* » Comme « un bon pasteur il se mit en chemin, afin « de pouvoir donner sa vie pour le trou- « peau que le Seigneur lui avait confié. »

Il dut même s'écouler un temps assez considérable entre son départ du monastère de sa sœur et sa mort puisque, pendant cet intervalle, comme le rapporte encore saint Adelin, Chrodebert eut tout le loisir de faire les démarches nécessaires pour assurer l'exécution de son perfide complot.

Ce fut bien, il est vrai, après un séjour plus ou moins long dans l'abbaye d'Opportune et même sur le chemin qui conduisait de Nonant chez la Bienheureuse Lanthilde, que Godegrand reçut la couronne du martyre, mais l'auguste prélat ne partait pas immédiatement du monastère de sa sœur ; il était au milieu de ses courses pastorales. On le voit, cette objection n'attaque en rien le sentiment que nous défendons.

Nous n'insisterons pas davantage sur ce point incontestable, d'ailleurs la lecture de cet ouvrage ne laissera aucun doute à cet égard.

Vers la fin du IXe siècle, un peu plus de cent ans après la mort de sainte Opportune, Adelin écrivit en latin la vie si belle et si édifiante de l'illustre Vierge ; il la composa par reconnaissance et à la suite d'un vœu.

Adelin ou Adhelme était originaire du Maine. Dès son jeune âge il avait cultivé avec succès la littérature dans le monastère de Saint-Calais, où plus tard il prit l'habit religieux.

A la mort d'Hildebrand II, évêque de Séez, arrivée en 876 ou 877, son mérite et ses vertus le firent choisir par le roi Charles-le-Chauvre pour lui succéder. Des ambitieux cherchant à entraver sa promotion, Adelin s'adressa à sainte Opportune et il fit vœu d'écrire sa vie, si elle daignait aplanir les difficultés qu'on lui opposait. Sa demande exaucée, il oublia ses engagements. Dieu se chargea de les lui rappeler et il le fit d'une manière terrible. Il n'y avait pas encore un an qu'il avait reçu la consécration épiscopale, lorsqu'il fut pris par des barbares venus du Nord et emmené en esclavage.

Après de longues et cruelles souffrances. supportées avec résignation, comme le juste châtiment de sa coupable négligence, Adelin put enfin revenir dans sa patrie ; mais sur le point de toucher le sol natal, il tomba dans les flots et certes il y eut été englouti, si Opportune, lui apparaissant visiblement, ne l'eût miraculeusement sauvé.

C'est à la suite de tous ces prodiges que

le pieux Evêque mit la main à l'œuvre et écrivit, avec le plus grand soin et le plus religieux respect, la vie et les miracles de son auguste bienfaitrice. Personne ne pouvait être plus compétent ni mieux renseigné que lui pour traiter une pareille matière; et, comme on le verra, le pieux écrivain a su joindre à l'exactitude des détails l'attrait de la forme.

« La *Vie* de sainte Opportune, dit dom
« Rivet (*Histoire littéraire de France*), place
« son auteur au premier rang parmi les
« écrivains du ixe siècle.... Il se montre
« plein de jugement et d'un esprit solide,
« dans le choix des faits, toujours édifiants
« et instructifs, qu'il rapporte, et la piété
« dont il était pénétré a passé dans toutes
« ses expressions ; en un mot, il ne nous
« est point resté d'ouvrage du ixe siècle
« réunissant davantage les qualités qui
« font approcher de la perfection. »

Reproduire en français avec quelques notes explicatives ce livre de saint Adelin dans toute sa pureté et sa charmante simplicité, tel est le but que nous nous proposons dans la première partie de cet ouvrage. Nous y intercalons seulement en leur lieu les récits de plusieurs miracles qui ne paraîtront pas sans intérêt. Un astérisque fera connaître au lecteur les alinéas que nous croirons devoir ajouter.

Déjà, il est vrai, ce travail a été fait au xviie siècle par Nicolas Gosset, chefecier et curé de l'église collégiale de Sainte-Opportune à Paris (1655) ; mais, outre que son style a singulièrement vieilli, cet auteur, croyant à tort qu'Adelin était le prédécesseur et non le successeur de Hildebrand II, a plus d'une fois sacrifié à cette idée le sens véritable et le texte même du pieux historien. Son édition nous paraissant incomplète et peu fidèle, nous suivrons le texte donné par les savants Bollandistes et les Bénédictins (*Acta sanctorum ordinis Benedicti sæculo tertio*), dont l'autorité semble incontestable.

La seconde partie de notre travail est consacrée au culte de la bienheureuse Abbesse depuis sa mort jusqu'à nos jours. Elle contient la translation de ses reliques, les miracles dus à son intercession, les sanctuaires érigés en son honneur et les hommages rendus à sa mémoire.

Aucun travail n'ayant été publié sur cette matière, l'entreprise paraissait difficile ; mais des recherches minutieuses et des documents authentiques aussi précieux que généreusement offerts par de savants antiquaires et archivistes, ont facilité notre tâche.

Nous aimons à citer en particulier M. l'abbé Lainé, supérieur de la communauté des Bénédictines à Argentan, M. Gallot, docteur médecin à Almenêches, M. Gérasime Lecointre de Poitiers, M. Dubosc archiviste départemental de la Manche, M. l'abbé Hersent archiviste du diocèse de Coutances, M. l'abbé Laviron, curé de Moussy-le-Neuf, M. l'abbé Fauvage, premier vicaire de Notre-Dame-des-Champs à Paris, Madame Gabou, propriétaire à Saint-Père-en-Retz, M. l'abbé Perrin, curé de Saint-Père-en-Retz, etc, qui nous ont procuré des matériaux remplis d'intérêt.

Nous accueillerons avec reconnaissance toutes les observations qui nous seront faites et les nouveaux documents que l'on voudra bien nous communiquer.

Quant à ceux que nous possédons déjà, nous nous efforcerons de les disposer de manière à répondre aux pieux désirs de nos lecteurs. Heureux si nous pouvons, par ce faible témoignage de notre reconnaissance, développer la dévotion envers sainte Opportune et contribuer ainsi à la gloire de Dieu et au salut des âmes !

VIE
DE SAINTE OPPORTUNE
D'APRÈS SAINT ADELIN

LIVRE PREMIER

PRÉFACE

Dans ce jour où nous célébrons la fête de la glorieuse et illustre vierge Opportune, (1) bénissons et louons Jésus-Christ, notre divin Rédempteur, qui se montre toujours si admirable envers ses serviteurs et ses amis. Il ne se contente point en effet de faire marcher devant eux, dans les voies de la justice, des hommes

---

(1) Le début de cette préface et le style qui caractérise l'ensemble de cet ouvrage, montrent que ce livre n'est autre chose que le panégyrique de la Sainte prononcé le jour de sa fête devant une nombreuse assemblée de fidèles.

pleins de force et de courage, il leur donne encore, dans le sexe le plus faible et l'âge le plus tendre, de très-beaux modèles de piété et de vertus. Il prend soin de tous et il ne veut la perte d'aucun de ceux qu'il a rachetés au prix de son sang. En un mot, il encourage les justes à persévérer dans la sainteté et les pécheurs à renoncer à leurs iniquités, pour que tous, par la pratique des bonnes œuvres, parviennent à la céleste patrie.

Pénétrée de ces pensées et excitée par la grâce divine, Opportune, dès son enfance, résolut de se dévouer toute entière au service du Seigneur, afin de régner un jour dans le royaume céleste avec les élus et les vierges prudentes. Aussi, pendant les jours de son pélerinage, s'appliqua-t-elle à rechercher les biens célestes, plutôt que les richesses de la terre.

Mais avant de parler de sa vie et de ses vertus, avant de rapporter les grands miracles que Dieu opéra par son entremise, nous devons implorer sa puissante protection et solliciter, avec l'aide de Notre Seigneur Jésus-Christ et par les prières de cette auguste vierge, la grâce d'être délivrés de tous les maux, des embûches du démon, des séductions et des embarras du siècle.

Puisse, sous la garde et la protection de sainte Opportune, notre vie jusqu'alors si malheureuse par les remords que nous causent nos péchés, s'écouler en paix dans l'adversité comme dans la prospérité ; et fasse le Ciel, qu'en écrivant, avec la grâce du Seigneur, la vie et les éclatants prodiges de Notre Dame Opportune, nous puissions servir à l'édification des fidèles présents et à venir ! Que le Seigneur qui ouvre la bouche des muets, rend éloquente la langue des petits enfants et fit parler l'ânesse de Balaam, épouvantée par les menaces de l'ange qui s'opposait à son passage, aide ma faiblesse et donne la force et l'onction à mes paroles, afin que, malgré mon indignité et mes péchés, elles puissent contribuer à la gloire de sainte Opportune, l'épouse chérie de Jésus-Christ, qu'il daigne, non en ma considération, mais pour l'avantage de ceux qui viennent célébrer la fête de Notre Dame Opportune, épancher sur nous quelques gouttes de la rosée céleste !

Aux jours de Moïse il fit jaillir du rocher une source abondante qui désaltéra tout le peuple d'Israël ; que de même cette pieuse assemblée accourue ici pour témoigner sa dévotion à sainte Opportune, s'en retourne le cœur rempli d'allégresse, après avoir entendu le récit de toutes ses vertus.

Maintenant, mes très-chers fils, nous allons vous faire connaître, autant que le Seigneur nous le permettra, les merveilles que la grâce divine a daigné opérer dans son illustre servante ; vous les entendrez publier avec d'autant plus de plaisir qu'en servant à la gloire de sainte Opportune, elles vous offriront en même temps un beau modèle à imiter. Certes en pratiquant les vertus de cette grande sainte, en marchant sur ses traces, en observant comme elle les divins préceptes, nous mériterons d'être unis avec elle dans les cieux et de jouir tous ensemble du bonheur céleste.

Sans doute nous ne pourrons vous mettre sous les yeux qu'une faible partie des trésors de grâces et de vertus dont son âme était remplie. C'est à votre intelligente piété d'y suppléer. Aussi bien ceux qui ne trouveraient pas suffisant ce récit abrégé, gagneraient peu en entendant une histoire plus détaillée, car le langage humain restera toujours impuissant pour retracer, comme il convient, l'éminente sainteté de Notre Dame Opportune.

CHAPITRE Ier.

Naissance de sainte Opportune, sa piété. — Son entrée en religion. — Un ange la conduit dans le monastère d'Almenêches.

─────

Sainte Opportune, recommandable par ses vertus et sa naissance, désirant mener sur la terre une vie angélique, fit vœu de virginité. Pour servir le Seigneur en toute liberté et se débarasser de tous les soins du siècle, elle quitta les richesses et les vanités du monde et elle se retira dans un monastère de religieuses cloîtrées, comme nous allons le raconter avec l'aide de Dieu.

Ses parents d'une illustre noblesse, princes du sang royal et puissants comtes d'Exmes, eurent deux enfants qui furent pour le monde deux grandes lumières : saint Godegrand évêque de Séez, dont j'occupe maintenant le siége, et sainte Opportune, son auguste sœur, dont nous vénérons aujourd'hui la précieuse mémoire.

La bienheureuse Opportune n'était pas encore sortie de l'enfance que déjà la noblesse de son origine le cédait à la grandeur de sa foi ; les attraits et les charmes de son visage disparaissaient devant l'éclat de ses vertus et la beauté de son âme ; elle surpassait en modestie les jeunes personnes de son temps et tout son extérieur respirait la pudeur la plus délicate.

Comme elle possédait les agréments de l'esprit et du corps qui peuvent captiver les cœurs, plusieurs seigneurs très-riches et très-puissants la demandèrent en mariage. Pour obtenir sa main, ils lui promettaient quantité d'or et d'argent ; ils lui montraient les plus beaux bijoux enrichis de diamants et de pierres précieuses, présents si agréables aux jeunes filles, ils lui offraient de nombreux serviteurs et de magnifiques domaines ; en un mot, ils lui présentaient tout ce qui aurait pu gagner son cœur, si la grâce divine l'eût prévenue moins puissamment.

Opportune regardait comme une vile poussière ces magnificences qu'on étalait sous ses yeux, car elle n'aspirait qu'à se conserver pure et chaste pour devenir l'épouse de Jésus-Christ, même plus on lui parlait de richesses mondaines, plus elle s'en dégoutait et s'attachait aux biens mille fois plus précieux du Seigneur qu'elle ambitionnait par dessus tout.

Que dis-je? elle était si affermie dans l'amour de Dieu et elle faisait de tels progrès dans la sainteté que, loin de reculer devant le glaive du bourreau, elle eût bu volontiers, à l'exemple du divin Maître le calice de la Passion. Et certes on ne peut lui refuser cette gloire, car il y a deux sortes de martyre : l'un secret, l'autre public ; et ne fut-elle pas véritablement martyre, elle qui porta chaque jour dans son corps la croix de Jésus-Christ, elle qui toute sa vie foula aux pieds les séductions du démon, de la chair et du monde ?

Cette vaillante athlète de Jésus-Christ, munie des armes du Seigneur, du bouclier de la foi, de la cuirasse de la justice et du glaive de l'Esprit Saint, ne voulut point les déposer qu'elle n'eût, avec le secours divin, déjoué toutes les ruses de l'antique ennemi, remporté sur lui une victoire complète et que, le front ceint des lauriers de la justice, elle ne fut admise à contempler le Seigneur dans la céleste Jérusalem.

Elle tenait à ne point paraître sans armes, parce que continuellement elle craignait les traits du démon : aussi l'esprit infernal ne put-il jamais l'amener à ses perfides desseins. Tandis que par sa grâce le Dieu fort et puissant dans le combat, qu'elle servait de tout son cœur, qu'elle aimait de toute son âme, lui faisait éviter les embûches de l'esprit de ténèbres. Opportune de son côté se montrait de plus en plus docile à la voix du Seigneur et elle chantait souvent avec le saint roi David : « *Seigneur* « *jugez mes ennemis, triomphez de ceux qui me font* « *la guerre, prenez vos armes et votre bouclier e* « *venez à mon secours.* » *(Psal. 34)*.

Un jour qu'Opportune, la servante bien-aimée du Seigneur, entrait dans l'église avec ses parents au milieu d'un grand concours de fidèles, elle entendit rappeler du haut de la chaire de vérité ce passage du saint Evangile : « *Allez,* « *vendez tout ce que vous possédez, donnez-le aux* « *pauvres et vous aurez un trésor dans le ciel, alors* « *venez et suivez-moi.* » *(Matth XIX. 21)*. Frappée de ces paroles, elle les recueille avec soin et les repasse dans son esprit avec une profonde attention, puis se jetant aux pieds de ses parents, elle leur parle en ces termes : « Père « chéri et tendre mère, au nom du Dieu si bon « et si redoutable, dont les paroles viennent de « frapper nos oreilles, je vous conjure de ne « plus me chercher d'époux sur la terre, car

« je ne veux d'autre alliance que celle de mon
« Seigneur Jésus qui est dans les cieux. Je sui-
« vrai les traces de la bienheureuse Vierge
« Marie, mère de Dieu, ma souveraine maî-
« tresse et jamais je n'aurai d'autre époux que
« celui qu'elle a conçu et enfanté en demeurant
« toujours Vierge. Je la prierai de me rendre
« digne de ses noces toutes célestes, afin que
« m'unissant à son fils, mon Seigneur et mon
« Dieu, je m'étudie désormais à servir le fils et
« la mère sans réserve et sans partage. »

Ravis des paroles de leur chère enfant et tout joyeux de sa sainte résolution, les parents d'Opportune rendent au Seigneur tout-puissant de vives actions de grâces ; ils le bénissent d'avoir daigné déposer dans son cœur des germes si précieux de vertu et ils le conjurent de les faire grandir et fructifier. Amen ! répondent les assistants.

Aussitôt Opportune se relève et, regardant son père avec un visage tout radieux, elle lui dit : « Maintenant je suis la fille de Jésus-Christ,
« j'écouterai sa voix et je prêterai l'oreille à
« ses paroles, j'oublierai mon peuple et la
« maison de mon père, car le roi du ciel a con-
« voité ma beauté. Lui seul est mon Seigneur
« et mon Dieu, je l'adorerai. » *(Psal. 44 v. 10)*.

Cependant approchait le jour tant désiré où la jeune princesse devait recevoir des mains de l'évêque (1) le voile bénit, quitter ses parures mondaines pour prendre l'humble habit de religieuse et échanger la pourpre royale contre une tunique chétive et grossière.

Accompagnée de ses parents et d'une foule nombreuse qui se presse sur ses pas, elle quitte la maison paternelle et va se rendre dans un monastère situé dans le bois d'Auge à peu de distance de la ville de Séez et appelé : « le Petit Monastère » (2).

(1) A cette époque le siége épiscopal de Séez était occupé par S. Loyer, qui lui aussi avait foulé aux pieds les séductions du monde. Loyer appartenait à la famille des ducs de Lorraine ; il s'était retiré près d'Argentan dans un lieu solitaire qui porte maintenant le nom de Saint-Loyer-des-Champs, afin d'y mener la vie d'anachorète ; mais bientôt sa grande réputation de sainteté le fit choisir pour Evêque de Séez et c'est à ce titre qu'il donna le voile à sainte Opportune.

Sur la fin de sa vie il revint dans son ancien hermitage où il mourut vers le milieu du VIIIe siècle.

En 1675, on retrouva à Saint-Loyer-des-Champs, plusieurs ossements de ce saint Evêque ; leur authenticité a été constatée en 1721 et de nouveau sous l'épiscopat de Monseigneur Rousselet.

(2) D'après le savant bénédictin Dom Mabillon, S. Evroult

C'est là que cette enfant chérie du ciel renonçant à toutes les pompes du siècle et ne désirant vivre que pour Dieu reçut le saint habit et fut admise parmi de ferventes religieuses entièrement vouées au service du Seigneur.

Plusieurs d'entr'elles, au moment où Opportune entrait dans le monastère, aperçurent son ange gardien qui la précédait visiblement. Nous ne devons pas en être surpris : car n'était-il pas bien juste que ces esprits célestes, chargés de garder tous les hommes, prissent d'elle un soin tout particulier ?

qui vivait au viie siècle et mourut probablement en l'année 706, avait fondé 15 établissements religieux autour de son monastère, entr'autres : les Prieurés de Montfort près Gacé, de la Cochère et de Saint-Christophe-le-Jajolet, l'abbaye de Saint-Martin-de-Séez et deux maisons religieuses dans la paroisse d'Almenêches. Sainte Lanthilde, comme nous l'avons dit dans l'*Introduction,* fut abbesse de l'une et c'est dans l'autre moins considérable et appelée pour cela le *Petit Monastère* que la bienheureuse Opportune vint se sanctifier.

Il y avait autrefois dans l'église de l'abbaye d'Almenêches, qui sert actuellement d'église paroissiale, une chapelle dédiée à S. Evroult. Elle y avait été érigée, sans aucun doute, pour perpétuer la mémoire du saint fondateur de ce monastère.

CHAPITRE II.

Vertus d'Opportune dans la vie religieuse. — Elle devient abbesse — Ses austérités. — Sa charité. — La corbeille de roses. — Dieu lui accorde le don des miracles. — Le Pré-Salé. — L'oiseau ressuscité.

Au milieu de ces âmes consacrées à Dieu, Opportune mena non la vie d'une novice, mais celle d'une religieuse qui aurait vieilli dans les saints exercices de la profession monastique. Jamais on ne put rien blâmer dans sa conduite. Nuit et jour elle méditait la loi du Seigneur et elle devint ainsi en peu de temps très-versée dans la science des saintes Ecritures. Elle surpassait toutes ses compagnes en humilité et en obéissance : elle considérait ses supérieures comme des mères et elle chérissait ses inférieures comme des sœurs. Soumise et douce envers tout le monde, elle repassait souvent dans son esprit ce précepte du divin Maître : « *Apprenez de moi que je suis doux et humble de* « *cœur, et vous trouverez le repos de vos âmes.* » *(Math.* xi. *29).*

Plus la noblesse de sa naissance semblait l'élever, plus elle s'abaissait au-dessous de toutes les autres sachant qu'il est écrit : « *Si vous êtes grand, humiliez-vous en tout et vous trouverez grâce devant Dieu.* » *(Eccl.* III. 20*)*.

Pendant qu'elle donnait ainsi l'exemple de toutes les vertus, arriva la mort de la supérieure du monastère. D'un consentement unanime les autres religieuses choisirent Notre-Dame-Opportune pour lui succéder. Mais, comme elle ne craignait rien tant que d'être élevée à cette dignité, et que cependant par amour pour l'obéissance elle n'osait refuser, elle demanda à ses sœurs un délai de trois jours, durant lequel elles prieraient et consulteraient le Seigneur. Les religieuses ayant accédé à ce désir, il leur fut révélé que la bienheureuse Opportune méritait d'être mise à la tête du monastère.

Se voyant devenue, par la volonté divine, la mère et l'abbesse de sa communauté, Opportune redoubla ses austérités. Souvent elle passait toute la nuit en prières et elle restait des journées entières sans manger ; le mercredi et le vendredi elle ne prenait aucune nourriture, les autres jours elle se contentait de quelques aliments grossiers avec du pain d'orge et de l'eau. Le dimanche seulement, par respect pour le saint jour, et non pour satisfaire la sensualité, elle usait de quelques petits poissons; encore ne prenait-elle que le strict nécessaire.

Si quelque sœur lui demandait : « O notre « bonne mère, pourquoi épuisez-vous votre « corps par tant de privations? » Elle lui répondait : « C'est en mangeant qu'Adam a mérité « d'être chassé du Paradis : c'est en jeûnant « que nous mériterons d'y rentrer. » Jamais elle ne voulait goûter ni au vin, ni à la viande, mais elle n'en privait pas pour cela ses religieuses ; elle avait au contraire le plus grand soin de leur procurer tout ce qui était nécessaire pour la vie de l'âme et du corps.

Les pauvres et les malades étaient l'objet de sa prédilection, elle voyait en eux Jésus-Christ lui-même et, quand elle leur prodiguait les soins les plus tendres, elle se rappelait ces paroles de l'Evangile : « *J'ai été malade et vous m'a-* « *vez visité; ce que vous avez fait au moindre des* « *miens, c'est à moi-même que vous l'avez fait.* » *(Matth.* xxv. 36. 40).

* Une tradition accréditée à Almenêches, et dans la communauté des Bénédictines d'Argentan, tradition qui se retrouve même, quoique dénaturée, jusqu'à Vendôme, rapporte à ce sujet un trait charmant :

Opportune faisait beaucoup d'aumônes et quelques personnes la trouvaient trop généreuse, eu égard aux ressources du monastère. Dans la saison rigoureuse de l'hiver, un jour qu'elle avait rempli une corbeille de provisions destinées aux indigents, des yeux indiscrets voulurent voir ce qu'elle allait porter : furtivement on découvre la corbeille et on la trouve remplie de roses d'une admirable fraicheur.

Opportune s'interdisait l'usage du bain ; elle ne quittait jamais un rude cilice caché sous ses habits ; dans l'hiver et dans l'été elle portait les mêmes vêtements, sans jamais en ajouter dans la saison la plus rigoureuse, ni en supprimer dans les grandes chaleurs. La nuit quand elle se couchait elle n'avait qu'un matelas de crin, mais en jour elle le couvrait d'une étoffe précieuse pour dérober ses austérités aux nombreux visiteurs que sa grande renommée attirait au monastère. Son lit était baigné de ses larmes et elle disait en toute vérité avec le psalmiste : « *Chaque nuit je laverai* « *mon lit, et j'arroserai ma couche de mes larmes*», *(Psal.* VI. 7).

Jamais elle ne se mit en colère ; elle se montrait au contraire en toute circonstance pleine de douceur et d'affabilité. Une sœur venait-elle à commettre quelque faute? une simple réprimande et surtout la force de l'exemple la rappelaient à son devoir. Si parfois quelqu'une se montrait plus opiniâtre, la pieuse abbesse ne cessait de prier Dieu pour elle jusqu'à ce qu'elle l'eût fait revenir à des meilleurs sentiments. Elle ne maltraitait personne ; son autorité était toujours tempérée par l'aménité de son caractère et la suavité de ses paroles décelait la bonté de son cœur ; en un mot le sel de la sagesse assaisonnait tous ses discours.

Mais nous craindrions de fatiguer le lecteur, si nous voulions raconter en détail ses bonnes œuvres et ses vertus, et le jour nous ferait défaut plus tôt que la matière, s'il fallait rapporter toutes les merveilles que la grâce divine avait opérées en elle. Contentons-nous de le dire, sa sainteté lui avait donné une telle puissance sur le cœur de Dieu, qu'elle obtenait de lui tout ce qu'elle demandait.

* Parmi les prodiges qu'elle opéra, un des plus populaires, et nous pourrions ajouter un des plus extraordinaires, est incontestablement celui du *Pré-Salé*. Les Bollandistes, qui rapportent ce fait, l'ont emprunté à un très-vieux manuscrit conservé à l'église collégiale de Sainte-Opportune à Paris. Dans l'ancien office de la collégiale le récit de ce miracle servait de leçons à matines pour un des jours dans l'octave de la fête de la bienheureuse, et Nicolas Gosset en le citant l'attribue à S. Adelin lui-même. Voici textuellement comment le fait y est raconté :

« Lorsque sainte Opportune était abbesse d'Almenêches, il y avait à quelque distance du monastère, une forêt commune où les religieuses, les gens de la contrée et des bourgades voisines prenaient le bois de chauffage dont ils avaient besoin.

Un jour que le serviteur de l'abbaye s'y était rendu, selon l'usage, et revenait avec son âne chargé de bois, il rencontra le garde de la forêt. Chercher à nuire, dit-on, a toujours été le plaisir des méchants. Ce garde poussé par l'esprit de malice, d'orgueil et de cupidité, dans l'espoir sans doute d'extorquer une bonne somme d'argent au monastère, s'empara de l'âne et le fit renfermer en lieu sûr.

Avertie de ce qui s'était passé, Opportune voulut parler au garde, et, l'ayant aperçu dans un pré qu'il possédait près de l'abbaye, avec cette douceur et cette humilité dont elle ne se

départait jamais, elle lui adressa ces paroles :
« En transportant le bois qui nous est néces-
« saire, notre petit âne n'a causé aucun dom-
« mage ; vous n'avez donc pas de motif pour le
« prendre et le tenir enfermé ; aussi je vous
« supplie de nous le rendre et de le mettre en
« liberté. » Mais le misérable répondit avec dédain : « On vous le rendra, votre âne, quand toute
« la surface de ce pré sera couverte de sel. »

Un peu émue de tant d'insolence et d'injus-
tice, la bonne sainte se retira sans rien dire ;
mais elle ne manqua pas de recourir comme
toujours à son protecteur ; au lieu de mettre
dans les hommes une vaine confiance, elle im-
plora le secours du Dieu qui exauce ceux qui
le craignent. Ce que l'impiété avait regardé
comme impossible fut accompli par la prière, et
le pré fut miraculeusement couvert de sel. (1)

Le lendemain les personnes, qui les premières furent témoins de ce prodige, couru-

(1) Appuyé sur le témoignage du vénérable Marc Mau-
rice, chanoine de Séez, le savant bénédictin Luc Achery
(Lucas Acherius) dit (*Acta Sanctorum ordinis Benedicti*) que
ce prodige arriva le Dimanche de la Sainte Trinité. C'est
pour cela, ajoute-t-il, que chaque année le jour de la Trinité, on fait une procession solennelle au *Pré-Salé*, en
portant les reliques de sainte Opportune.

rent avertir le garde de la forêt ; il n'en voulut rien croire. Pressé de vérifier lui-même le fait, il vint dans le pré et, voyant de ses yeux ce qu'on lui avait rapporté, il se demandait à lui-même tout effrayé ce que signifiait une semblable merveille. Alors il se rappela ce qu'il avait répondu à la sainte abbesse et, reconnaissant sa faute, il s'empressa de la réparer. Il reconduisit l'âne au monastère et, afin d'obtenir le pardon de son impiété, il donna à perpétuité aux religieuses le pré qu'il avait vu couvert de sel. En mémoire de ce signalé miracle, ce pré a toujours été jusqu'à présent désigné sous le nom de *Pré-Salé.*

Dans l'*Office propre des fêtes du monastère d'Almenêches* approuvé par Mgr Jacques Camus de Pont-Carré, évêque de Séez (1622), le même fait est raconté avec d'autres circonstances, qui présentent aussi leur intérêt et ne manquent pas de vraisemblance, surtout quand on connaît la disposition du terrain.

Le *Pré-Salé*, divisé aujourd'hui par des haies vives, touchait presque l'enclos du monastère d'Almenêches, et s'étendait sur une superficie de huit à dix hectares jusqu'auprès de l'ancien château qui était occupé par les Seigneurs du pays. Sainte Opportune pouvait donc facilement voir de son monastère le garde de la forêt dans le *Pré-Salé*, comme nous l'avons dit plus haut, et de son côté le Seigneur du château pouvait aussi apercevoir de ses appartements le pré couvert de sel, ainsi que nous le raconterons.

Longtemps ce château fut la propriété des comtes de Bellême, et pendant leurs guerres avec les ducs de Normandie il fut bien des fois assiégé, pris et repris. Il en reste à peine quelques vestiges sur les bords de la petite rivière du Don ; mais sa motte (1) entourée de fossés profonds est encore bien conservée. C'est tout près de ce château, du côté ouest, que se trouvait l'abbaye de sainte Lanthilde.

Ces explications données, revenons à la seconde relation du miracle du Pré-Salé. Nous la trouvons dans *l'office propre des fêtes du monastère d'Almenêches* aux leçons de matines pour le quatrième et le cinquième jour dans l'octave de la fête de sainte Opportune.

« Nous ne devons point passer sous silence

---

(1) On sait qu'auprès des anciens châteaux forts, il y avait souvent une énorme masse de terre, qui formait comme un petit monticule appelé *Motte*. C'était ordinairement du haut de cette motte que les seigneurs rendaient la justice et haranguaient leurs vassaux.

un prodige inouï et admirable qui, à la connaissance de toute la Neustrie, s'est accompli pendant que la bienheureuse Opportune était abbesse d'Almenêches.

En vertu d'une ancienne donation qui leur avait été faite, les religieuses d'Almenêches envoyaient un homme dans la forêt voisine couper du bois pour leur usage et le charger sur un âne, qui le transportait à la communauté. Chose merveilleuse! quoique ces sortes d'animaux soient naturellement lents et paresseux, cet âne, sans conducteur, portait son fardeau si rapidement qu'il faisait à lui seul l'ouvrage de plusieurs chevaux.

Les gardes de la forêt étaient stupéfaits de voir ce petit animal emporter chaque jour une quantité de bois suffisante pour tous les besoins du monastère. ce que n'eût pu faire une voiture ou même un chariot.

Ils prévinrent donc le seigneur du pays et ils lui dirent que l'abbesse Opportune avec son âne aurait bientôt vidé toute la forêt. A ces paroles le seigneur entre en colère et donne ordre de saisir l'animal ravisseur.

Pendant que les gardes se tiennent cachés pour le surprendre et l'arrêter au passage, sur les trois heures de l'après-midi, s'avance pres-

tement l'âne de l'abbaye chargé de son énorme bagage. Au moment où il est sur le point de passer, les gardes s'élancent au devant de lui et l'arrêtent. De suite ils le conduisent à leur maître en criant : « Nous le tenons enfin le des-
« tructeur de toute la forêt ! Voyez quelle pro-
« digieuse quantité de bois ! Déjà dix fois
« aujourd'hui, il en a emporté autant ! » —
« Qu'on le décharge, dit le seigneur et qu'on
« l'enferme aussitôt. Toute l'herbe verdoyante
« de cette grande prairie sera couverte de sel
« blanc, avant que ce monstrueux animal ne
« soit rendu ! »

Cependant la bienheureuse Opportune, apprenant qu'on avait arrêté son âne si injustement, envoie le réclamer. Un refus formel fut toute la réponse. Alors selon sa coutume, elle recourt à la prière ; et le jour de la Sainte Trinité, au lever du soleil, toute la surface de la prairie se trouva couverte de sel.

Du haut de son château le seigneur, apercevant quelque chose d'extraordinaire, envoie un valet de chambre voir ce que cela peut être et il lui recommande d'apporter dans un mouchoir un échantillon de ce qu'il trouvera, afin que lui-même il puisse l'examiner et en constater la nature. Le serviteur prend une poignée de sel en tremblant, et, la montrant à son maître : « du sel ! du sel ! répète-t-il, ah ! prenez « garde qu'il ne vous arrive quelque malheur, « car Dieu punit ceux qui persécutent ses « saints ! »

Le seigneur reste stupéfait et comprend l'énormité de sa faute. Saisi d'effroi et honteux de son audace, pour fléchir la vengeance divine, il fait détacher l'âne et lui-même les pieds nus et la tête découverte, il vient à Almenêches se prosterner devant sainte Opportune : « O ser- « vante de Dieu ! lui dit-il, que le Seigneur me « pardonne ! Je vous rends ce qui vous appar- « tient et de plus je vous donne mon pré et je « confirme à perpétuité les droits que vous « avez dans mes forêts pour tous les usages et « besoins de votre monastère. »

*Après le prodige du *Pré-Salé*, dont aucun ouvrage sérieux ne peut contester l'authenticité, quelques écrivains, entre autres Nicolas Gosset et P. D. Monstier (*Neustria pia*), rapportent la légende d'un oiseau ressucité par sainte Opportune, et ils déclarent qu'ils l'ont aussi extraite d'un manuscrit très-ancien conservé dans l'église collégiale de Sainte-Opportune, à Paris.

L'hymne antique : *Sacra stupendæ Virginis*,

qui se trouve aux premières vêpres de la fête de la sainte abbesse dans *l'office propre du monastère* d'Almenêches et que de temps immémorial on chante dans les processions, au *Pré-Salé* rappelle ce miracle aussi bien que celui du *Pré-Salé*.

4me *strophe* : Aves exclusit noxias,
                    Geminato miraculo,
                    Nam mortuæ reliquias,
                    Novo ditat corpusculo.

5me *strophe* : Hinc prati viror ocius,
                    Candentis salis grandine,
                    Vestitur, et quantocius
                    Fertur asellus dominæ.

Traduction littérale : « Elle chassa des oiseaux « malfaisants par un double miracle, car elle « enrichit d'un corps nouveau les restes de ce-« lui qui était mort.

« La verdure du pré, est promptement revê-« tue d'une grêle de sel blanc et au plus vite « l'âne est conduit à sa maîtresse. »

Les Bollandistes, sans prétendre rejeter cette merveille, rappellent qu'un fait pareil est raconté, avec les mêmes circonstances, dans la vie de plusieurs saintes entre autres de sainte Véréburge, fille du roi de Mercie, qui vivait à la fin du vii⁰ siècle et dont l'histoire ressemble sous plus d'un rapport à celle de la bienheureuse.

D'un autre côté, quelques auteurs, d'une critique peut-être plus sévère en cela que judicieuse, rejettent positivement ce miracle comme ridicule, dérisoire et indigne de la grandeur de Dieu. Pour nous qui ne connaissons point les limites de la condescendance excessive du Seigneur pour ses saints, et qui ne prétendons point scruter ses appréciations impénétrables, mais qui savons seulement que ce grand Dieu daigne vêtir les fleurs des champs et donner aux petits oiseaux leur nourriture, nous n'avons rien trouvé de péremptoire contre ce fait et nous allons le rapporter dans toute sa naïve simplicité tel que nous le lisons à matines dans l'ancien office de la Collégiale de Sainte- Opportune à Paris :

« Peu de temps après le miracle du *Pré-Salé*, la bienheureuse Opportune opéra par la puissance de Dieu une autre merveille. Des oiseaux importuns ne cessaient de venir dans le jardin du monastère et en gaspillaient tous les fruits. Les domestiques de la communauté ennuyés de leurs dégats, vinrent trouver la sainte abbesse et lui demandèrent la permission de les tuer (ce qu'elle leur avaient formellement défendu); si non ils la conjuraient de les chasser elle-même loin du jardin par ses prières, ce qui lui était très-facile. « Commandez-leur de ma part, « répondit-elle, de se constituer tous prison-« niers dans le monastère. » Cet ordre est à peine donné que les oiseaux obéissent à la volonté de l'auguste vierge. Au bout de quelque temps elle-même va les trouver et, après leur avoir défendu expressément de jamais toucher aux fruits du jardin, elle leur permet de sortir. Mais les oiseaux, au lieu de se disperser, restent à voltiger autour du monastère et font entendre mille cris plaintifs.

Surprise d'un fait si extraordinaire, Opportune veut savoir ce que cela signifie et elle finit par découvrir qu'un des oiseaux a été tué et mangé par les domestiques.

Elle en fut vivement contristée. Toutefois se confiant en la divine bonté, elle ordonne de recueillir tous les os de l'oiseau et de les lui apporter. On les cherche avec le plus grand soin et on les lui remet tous, excepté l'os de la cuisse qu'on ne put jamais trouver. La sainte abbesse se met alors en prière, et bientôt l'oiseau ressuscité s'envole avec les autres. Seulement, quand il voulut marcher, on remarqua que la perte de son os l'avait rendu boiteux. »

Mais reprenons le récit de S. Adelin.

Si quelqu'un lui causait quelque dommage ou quelque peine, Opportune se mettait en prières et elle obtenait ainsi une prompte justice. Un voleur dérobait-il quelque chose au monastère ? elle s'adressait à Dieu et bientôt le malfaiteur, contraint par une puissance invisible, restituait ce qu'il avait pris. Si un loup, un renard ou un aigle lui ravissait un oiseau ou quelque animal, à sa parole il les rendait aussitôt.

La mort n'a point mis de terme aux prodiges sans nombre qui avaient signalé la vie d'Opportune ; depuis qu'elle règne avec Jésus-Christ dans le ciel, elle n'a pas cessé de manifester sa puissance par d'éclatantes merveilles. La Gaule et la Neustrie en ont fait souvent l'heureuse expérience ; elles contemplent avec admiration et elles racontent avec bonheur les miracles innombrables que la divine bonté opère par son auguste servante.

CHAPITRE III.

Départ de S. Godegrand pour Rome. — Ses adieux. — Perfidie de Chrodebert — Retour du saint évêque — Son martyre — Opportune connait par révélation la mort de son frère — Personne ne peut soulever le corps du martyr. — Opportune l'emporte dans ses bras.

Pendant que notre dame Opportune était Abbesse du *Petit Monastère*, son vénérable frère Godegrand occupait le siège épiscopal de Séez (1). Ce saint Prélat soupirant ardemment après la céleste patrie, résolut, pour en mériter plus sûrement l'entrée, d'aller en pélerinage à Rome vénérer les tombeaux des bienheureux apôtres Pierre et Paul, et autre lieux consacrés par la présence des Saints.

Sur le point de réaliser ce pieux dessein, son-

---

(1) Godegrand avait été élevé à l'école de saint Loyer ; il devint après lui évêque de Séez. Sa vie fut écrite par Hérard, archevêque de Tours depuis l'an 855 jusqu'en 871. Cet auteur très-recommandable à tous égards, dédia son ouvrage au vénérable Hildebrand II, évêque de Séez. On y trouve beaucoup de détails sur sainte Opportune, et il est facile de voir que saint Adelin en avait connaissance.

geant que sept années de fatigues, de voyages et de prières ne seraient pas trop pour obtenir le pardon de ses péchés et s'assurer les joies éternelles, il régla toute l'administration de son diocèse et supplia le Seigneur très-miséricordieux de daigner garder lui-même son évêché pendant son absence. Puis il fit venir un homme perfide et animé d'un esprit vraiment diabolique, mais qui était allié à sa famille et qui feignait depuis longtemps d'être son intime ami. C'était Chrodebert, gouverneur du pays d'Exmes.

En présence de plusieurs témoins Godegrand lui confia le soin de son diocèse : « O mon ten-
« dre ami Chrodebert, lui-dit-il, jusqu'à ce que
« je sois de retour, s'il plaît au seigneur, je con-
« fie à votre fidélité et à votre amitié toute la
« charge de mon église ; gardez-la bien et que
« par la miséricorde de Dieu, par mes prières
« et votre précieux concours, le troupeau qui
« m'est confié soit à l'abri de toute espèce de
« vexation. » Après avoir exhorté les fidèles à persévérer dans l'accomplissement des divins commandements, il les bénit, dit adieu au perfide Chrodebert et, fondant en larmes, il part pour son lointain pèlerinage.

Il est écrit : *Les traîtres et les hypocrites provo-*

quent la colère de Dieu et l'homme faux et dissimulé trompe son plus grand ami (Prov. xi. 9). Godegrand était à peine parti, que loin de se montrer le défenseur du diocèse qui lui avait été confié, Chrodobert fut au contraire le premier a y porter le ravage et la désolation. Comme un loup ravissant il se met à dévorer le troupeau, dont il avait été établi le gardien ; il le dépouille et ne lui laisse aucun repos. Mettant de côté tout sentiment d'amitié, il vérifie cette parole de la Sainte Ecriture : Devant l'amour de l'argent toute autre affection n'est rien. L'alliance si étroite qui l'unit à Godegrand est foulée aux pieds et après avoir impitoyablement mis au pillage tous les biens de son église, au mépris des décrets des saints Pères et des ordonnances des saints canons, pendant que notre seigneur Godegrand était vivant et accomplissait son pélerinage pour la gloire de Dieu, il se fit ordonner évêque de Séez.

Mais au lieu d'être pour lui la source de bénédictions célestes, cette ordination sacrilége ne fit qu'attirer sur lui la malédiction divine. Ce n'était point en effet un pasteur ; c'était un mercenaire infâme qui courait après les biens de la terre et ne se souciait nullement du salut des âmes. En un mot, l'argent était son Dieu.

Cependant Opportune, sœur du bienheureux Godegrand, désolée des misères et des calamités qui pesaient sur l'église de Séez, ne cessait de demander au Seigneur qu'il délivrât le diocèse de cette criminelle oppression et lui rendît sain et sauf son frère bien-aimé.

La divine bonté, qui exauce ceux qui l'implorent, ne tarda pas à accorder à sa servante l'entier accomplissement de sa demande. En effet, la septième année de son pèlerinage, Godegrand revint en pleine santé et visita sa bienheureuse sœur. Dans le cours de la même année, purifié par le martyre de toute souillure du péché, il fut admis dans le royaume céleste, et de son côté l'église de Séez fut délivrée du cruel Chrodebert.

Avant son arrivée Godegrand avait été prévenu de la cruauté et de la cupidité effrénée dont le perfide avait usé envers son église ; mais se rappelant aussitôt le précepte du divin maître : « *Aimez vos ennemis et priez pour ceux* « *qui vous persécutent* » (*Matth* v. 44), il supplia instamment le Seigneur d'épargner le traître et de lui pardonner ses iniquités. Il envoya ensuite prévenir Chrodebert et l'engager avec douceur à se désister de sa coupable usurpation ; et, pour lui donner tout le temps de revenir à de meilleurs sentiments, au lieu de se rendre directement à Séez, il vint au monastère où sa sœur Opportune servait Dieu avec la plus grande ferveur.

Chrodebert accueillit très-bien l'envoyé de Godegrand et, feignant de se réjouir du retour inattendu de son ami, il lui fit porter cette réponse mensongère : « Sachez, mon très-doux
« frère, que plusieurs personnes arrivant des
« pays lointains nous ont affirmé que vous
« n'étiez plus de ce monde ; mais, puisque
« vous voilà revenu sain et sauf, rentrez dans
« tous vos droits, et puissiez-vous pendant de
« longues années jouir heureusement des hon-
« neurs dûs à votre dignité épiscopale. Il ne
« convient pas, je le sais, que deux évêques oc-
« cupent le même siège, la seule faveur que je
« vous demande, c'est de pouvoir jouir, com-
« me autrefois, de votre société et de votre
« amitié et de nous donner mutuellement les
« marques de la plus entière charité. »

Le messager de Godegrand courut joyeusement lui rapporter ces paroles de l'impie Chrodebert ; mais à peine le saint évêque et sa sœur les eurent-ils entendues, qu'Opportune remplie de l'esprit prophétique dit à son frère : « Soyez-
« en sûr, mon frère, ces paroles plus douces que

« l'huile ne sont au fond que des traits acérés. »

Dès lors l'un et l'autre comprirent clairement que la mort de Godegrand était proche et que Dieu allait bientôt l'appeler à l'honneur de verser son sang pour son amour, afin de prendre place parmi les bienheureux pontifes et martyrs. Aussi comme un bon pasteur Godegrand s'arme-t-il de résolution et, tout prêt à donner sa vie pour ses brebis, il se met à parcourir son diocèse.

De son côté Chrodebert, comme un loup rapace, songea qu'en tuant le pasteur il pourrait en toute sûreté ravager le troupeau, et, à l'exemple des Juifs et des Pharisiens qui crucifièrent notre Seigneur, il cherchait comment il pourrait faire mourir le saint évêque, sans paraître aux yeux du peuple coupable de sa mort.

Un nouveau Judas vint l'aider dans son abominable dessein. Cet homme tout rempli du démon ne respirait que le crime; il était le fils spirituel de Godegrand, qui l'avait tenu sur les fonds baptismaux, et, nouveau trait de ressemblance avec Judas, il avait été choisi pour son économe.

Chaque jour Chrodebert, à force d'argent et de promesses, engageait ce scélérat à assassiner Godegrand, l'assurant qu'à cette condition il le comblerait de ses faveurs et l'établirait le premier de sa maison. Il lui donna même à l'avance beaucoup d'or et d'argent, des terres, des équipages, et il en obtint ainsi, à sa grande satisfaction, la promesse par serment qu'il tuerait le bienheureux Godegrand.

Un jour le saint évêque voulut aller au monastère d'Almenêches visiter la vénérable Lanthilde sa parente (1) et s'entretenir avec elle des choses célestes. Au moment où il passait par le domaine de Nonant, Chrodebert, ce fils de Satan, l'aperçoit par la fenêtre de la salle à manger. Il appelle promptement le filleul de

---

(1) D'après la légende de l'ancien bréviaire de Séez, de tout temps dans le monastère d'Almenêches, Lanthilde a été mise au rang des saintes et des bienheureuses et elle était honorée dans plusieurs Oratoires domestiques : « no-« men ejus, ab omni œvo, sanctorum et beatorum admiscetur « nominibus et domesticis oratoriis honoratur. » Marin Prouverre, religieux dominicain d'Argentan, chroniqueur assez estimé, nous a conservé, probablement à cause de sa haute antiquité, l'antienne suivante en l'honneur de sainte Lanthilde et de la bienheureuse Opportune : « Sanc-« ta Lanthildis domina, ac Opportuna inclyta, vos cum sanc-« torum agmine pro nobis preces fundite. » Sainte Lanthilde Notre-Dame et vous illustre Opportune, avec la phalange des saints répandez pour nous des prières.

saint Godegrand et il lui ordonne, s'il veut recevoir les récompenses convenues, de tuer sur le champ l'auguste Prélat.

L'assassin aussitôt se met à l'œuvre ; il court et l'âme remplie d'une ruse infernale, le regard étincelant de haine et de fureur, il rejoint Godegrand.

En vain sa langue d'aspic cherche t-elle à dissimuler le poison mortel qu'il cache dans son cœur, Godegrand reconnait sa noire perfidie et avec un visage plein d'assurance et de dignité il lui adresse ces paroles : « qu'y a t-il, mon
« fils ? quelles criminelles pensées enveniment
« ton cœur ? ne sais-tu pas que je suis ton père
« spirituel Godegrand ? qu'attends-tu ? que la
« volonté de Dieu s'accomplisse ! Le traître pousse l'audace et l'impudence jusqu'à lui demander un baiser. Alors voyant que sa dernière heure était arrivée et qu'il allait être bientôt admis dans la gloire céleste, Godegrand adresse à Dieu cette prière : « Seigneur Jésus,
« mon très-miséricordieux Rédempteur, rece-
« vez mon âme et gardez le troupeau que, mal-
« gré mon indignité, vous m'avez confié. Pour
« lui de grand cœur j'accepte la mort. Puissions
« nous régner ensemble dans les cieux ! » Une voix d'en haut l'ayant assuré que sa prière était

exaucée, il donne avec une admirable simplicité un baiser à son bourreau. Celui-ci aussitôt dégaine son épée et de deux coups fend la tête du saint Prélat. On voit encore sur ce vénérable chef la marque de ces plaies; on dirait qu'elles ont été guéries et cicatrisées par l'art de la médecine.

C'est ainsi que Godegrand, ce pontife chéri de Dieu, ce bon pasteur si digne d'être proposé à notre imitation, quitta la vie terrestre. Son âme fut reçue dans les cieux par les chœurs des anges le troisième jour des nones de septembre (le 3 septembre) ; pour avoir été fidèle en de petites choses sur la terre, il est établi sur de grands biens, et il jouit d'une gloire immense dans la joie du Seigneur.

Quant à son assassin, à l'endroit même où il avait consommé son crime, il fut saisi par le démon, et, sans pouvoir recueillir le fruit de son attentat, par un châtiment épouvantable, il tomba dans les brasiers de l'enfer.

De son côté Chrodebert, l'auteur de cet affreux complot, poursuivi par la vengeance divine, périt bientôt misérablement et vérifia cette sentence : Qui a mal vécu ne peut bien mourir.

Cependant quelques personnes pieuses du

voisinage, apprenant ce qui s'était passé, vinrent en récitant des psaumes et autres prières à l'endroit où gisait par terre le corps du saint évêque; il essayèrent de l'enlever pour lui rendre, selon les rites de l'église, les honneurs de la sépulture; mais il se trouva si pesant que personne ne put le remuer.

A cette nouvelle la bienheureuse Lanthilde accourut avec ses religieuses sanglotant et fondant en larmes; elle ne réussit pas mieux et jamais elle ne put soulever le corps du saint martyr.

Le bruit de ces lugubres événements était aussi arrivé aux oreilles d'Opportune au moment où, avec toutes ses religieuses, elle priait à l'église pour l'âme de son frère. Plusieurs prêtres avaient déjà célébré la messe à son intention et elle-même avait offert pour lui à Dieu le sacrifice de la plus fervente prière. Elle avait en effet connu par une révélation particulière de l'Esprit-Saint, que son frère était monté triomphant dans les cieux avec la palme d'une parfaite victoire. En même temps elle avait demandé au Seigneur que son corps demeurât immobile, jusqu'à ce qu'elle eût terminé pour lui les prières accoutumées et que seule, le prenant dans ses bras, elle l'apportât dans son église qui devait lui servir de tombeau.

Ainsi tandis que Lanthilde conjurait le seigneur de lui laisser enlever le corps du saint martyr, de son côté sa nièce Opportune demandait à Dieu de ne pas permettre qu'on déplaçât le corps de son frère. Toutes deux étaient saintes devant Dieu ; mais le cœur d'Opportune était embrasé de la charité fraternelle et, pour nous montrer que la charité triomphe de tous les obstacles, le Seigneur donna plus d'efficacité à sa prière. Il convenait du reste que la tendre Opportune, dont le cœur sensible était profondément attristé par la mort de son frère, eût au moins la consolation de voir sa prière exaucée.

Lorsqu'elle eut reçu le messager chargé de lui annoncer cette mort si douloureuse, Opportune versant des larmes amères s'écria : « Sei-
« gneur Jésus, tendre ami de mon âme, vous
« qui formez les nœuds si doux de la fraternité,
« accordez-moi d'aller partager dans le ciel le
« bonheur de mon frère, car il est bon et agré-
« able pour des frères d'habiter la même de-
« meure. Je vous en conjure, Seigneur, au nom
« de votre infinie bonté, réunissez dans les
« cieux ceux que les liens du sang unissaient
« sur la terre ! »

Cette prière terminée, elle part pour rendre les derniers devoirs à son frère. Quand elle aperçoit son cadavre inanimé, elle tombe elle même par terre à demi-morte et se frappant la poitrine à coups redoublés : « De toutes « parts, s'écrie-t-elle, je suis environnée d'inef- « fables angoises, car j'ai perdu un frère qui « était mon guide et mon conseiller fidèle. « Hélas ! infortunée, que ferai-je ? ou sera dé- « sormais ma consolation et mon espérance ? A « qui aurai-je recours dans mes adversités ? Je « n'en sais rien. Car ce tendre frère était pour « moi un père et une mère ; il était mon sei- « gneur et en tout mon appui et mon soutien. »
Cependant la vénérable Lanthilde et les autres assistants s'efforcent de calmer par quelques paroles de consolation son cœur consumé de tristesse : « Cessez, fille chérie du Seigneur, « cessez, Opportune, de pleurer votre frère « martyr de Jésus-Christ, car bientôt, comme « vous le désirez, vous le verrez régner avec « Jésus-Christ dans le séjour du bonheur. Ne « donnez plus de larmes à celui dont la pré- « cieuse médiation pourra nous secourir en « toute circonstance auprès de Dieu. En effet, « plus il est uni au Seigneur Jésus, plus il nous « comblera de bienfaits; si nous sommes privés

« de sa présence corporelle, du moins sa puis-
« sante intercession ne fera jamais défaut à
« ceux qui l'aiment. Lui qui priait pour ses en-
« nemis et ses assassins, comment pourrait-il
« nous oublier ? »

Fortifiée par ces paroles, Opportune prend dans ses bras le corps de son frère et seule, sans le moindre effort, elle emporte celui que les forces réunies de plusieurs hommes robustes n'avaient pu remuer.

Une foule immense de fidèles, les clercs de tout ordre qui psalmodient, les religieuses qui pleurent, accompagnent le corps de saint Godegrand. Au milieu des psaumes et des gémissements, Opportune le transporte jusque dans son monastère, où elle le fait inhumer elle même avec tous les honneurs dus à sa dignité. Depuis de longues années, sur ce tombeau, les mérites du saint évêque ont obtenu de nombreux miracles de la bonté de Dieu. Qu'honneur et gloire en soient rendus au Seigneur dans tous les siècles des siècles. Amen !

CHAPITRE IV.

Eminente sainteté et miracles de la Bienheureuse. — Elle prédit le jour de sa mort. — Ses dernières recommandations. — Sainte Luce et sainte Cécile viennent la visiter pendant sa maladie. — Un démon lui apparaît. — Elle meurt en voyant la sainte Vierge.

Après la mort du saint martyr et pontife Godegrand, Notre Seigneur Jésus-Christ glorifia plus que jamais sa servante Opportune par l'éclat de sa sainteté et les grands miracles qu'elle opéra. Qui jamais pourrait exprimer avec quelle fidélité et quelle ferveur elle servit Dieu jusqu'à la fin de sa vie ? Elle trouvait son bonheur à méditer assidûment la loi du Seigneur et à d'accomplir dans tous ses points, et, comme elle évitait le péché avec le plus grand soin, Dieu lui accordait une vertu extraordinaire pour guérir les malades.

Beaucoup de personnes atteintes d'infirmités de toute espèce venaient la trouver et recouvraient la santé par ses prières et la miséricorde de Dieu. En invoquant le nom de Jésus, elle rendait aux boiteux l'usage de leurs membres, elle donnait la vue aux aveugles et délivrait les possédés des obsessions du démon ; pleurant avec ceux qui pleuraient, elle procurait à chacun toutes les consolations qui étaient en son pouvoir. Presque tous ceux qui avaient recours à elle, dans une infortune ou une maladie, ou bien quand ils avaient été victimes de quelque vol ou rapine, voyaient leurs vœux exaucés et s'en allaient comblés de joie.

Sans cesse Opportune priait et élevait vers Dieu ses soupirs et ses gémissements ; bien que son corps fût toujours sur la terre, son esprit et ses affections étaient dans le ciel et elle pouvait dire avec le docteur des nations : « *C'est dans le ciel que nous vivons* » (*Ad. Phil.* III 20.) Les joies de la vie présente, les jouissances qu'offrent les plaisirs du monde, ne lui inspiraient que du mépris, et de toute l'énergie de son âme elle aspirait au bonheur d'être unie dans les cieux aux chœurs des vertus célestes. Elle conjurait Dieu de dissoudre son corps pour la réunir à Jésus-Christ, en un mot : *Jésus était sa vie et la mort était un gain à ses yeux. (Ad. Phil.* I. 21).

Il n'y avait pas encore un an que son frère était mort, lorsque, exténuée par des veilles et des jeûnes excessifs, elle adressa au Seigneur cette humble prière : « Divin Rédempteur du « monde, vous que j'ai servi dès mon enfance « et qui avez daigné me conserver pure et « chaste jusqu'à ce jour, recevez-moi au plus « tôt dans les cieux avec votre martyr Gode- « grand, afin que nous nous réjouissions en « vous dans l'éternité, nous qui sur cette terre « d'exil, pendant notre vie mortelle, avons « constamment vécu à votre service. »

Elle comprit que le Seigneur l'avait exaucée, et sachant que le moment si désiré, où il l'appellerait à lui, n'était pas éloigné, elle fit venir ses religieuses, dont elle s'était toujours montrée l'humble servante plutôt que la supérieure :

« Très-douces et bien-aimées filles, leur « dit-elle, certes il semble bien juste et conve- « nable de remercier Dieu selon notre pouvoir, « pour tous les bienfaits dont il nous a com- « blées, et d'implorer à ses pieds l'indulgence « et le pardon de nos négligences et de nos pé- « chés. C'est de lui que vient tout le bien qui « est en nous, puisque sans lui nous ne pou- « vons rien faire, et que nous avons en lui la « vie, l'être et le mouvement. Que sommes-nous « en effet, sinon de chétives et périssables créa-

« tures ? Et après la mort, que serons-nous,
« sinon cendre et poussière ? Il est certain que
« cette chair, maintenant trop aimée et trop
« flattée, à laquelle nous procurons, autant que
« nous le pouvons, le bien-être, les jouissances
« et les plaisirs deviendra la pâture des vers,
« dès que notre âme sera retirée de notre corps.
« En ce monde nous vivons dans les délices et
« nous nous laissons aller à l'orgueil ; mais
« après la mort nous ne serons que pourriture
« et poussière, et nous confessons dans l'amer-
« tume de notre âme que les impies tomberont
« dans l'enfer pour l'éternité. Ah ! mes très-
« chères sœurs, cette vérité doit être conti-
« nuellement présente à l'esprit de ceux qui
« ont été rachetés au prix du sang de Jésus-
« Christ ; la Sainte Écriture elle-même ne nous
« le dit-elle pas : « *Dans toutes vos actions souve-*
« *nez-vous de vos fins dernières et vous ne pécherez*
« *jamais.* » (*Eccl.* vii. 40).

A ces mots Opportune se prosterne aux pieds
de ses religieuses et s'accuse publiquement
d'être grandement coupable : « Sachez, mes
« sœurs, continua-t-elle, que l'heure de ma
« mort est proche. C'est pourquoi, en toute
« humilité, je vous en supplie, pour l'amour
« de Dieu, pardonnez-moi, si j'ai blessé ou con-

« tristé quelqu'une d'entre vous, ou si j'ai violé
« la règle dans l'administration que vous m'a-
« vez confiée. Oui, je l'avoue et le confesse hau-
« tement, sur ce point comme sur beaucoup
« d'autres j'ai péché bien des fois ; je vous en
« conjure donc, pardonnez-moi par amour
« pour celui qui a dit : « *Si vous pardonnez aux*
« *autres leurs offenses, votre père céleste vous par-*
« *donnera aussi vos fautes.* » *(Matth.* vi. *14).*

En entendant ces paroles de leur sainte
abbesse, les religieuses, suffoquées par la douleur, restent interdites sans pouvoir prononcer
un seul mot ; sanglotant et fondant en larmes
elles relèvent Opportune : « Notre mère, s'é-
« crient-elles, douce Opportune, vous nous
« avez fait beaucoup de bien et jamais vous ne
« nous avez causé le moindre mal. Si pourtant
« vous aviez manqué en quoi que ce soit, que
« dans sa bonté infinie, Jésus que vous avez
« tant aimé vous pardonne et vous fasse misé-
« ricorde. »

A leur tour les religieuses ayant sollicité leur
pardon, elle le leur accorda de grand cœur ;
puis s'asseyant au mileu d'elles, elle continua
à leur parler ainsi : « O mes très-chères sœurs,
« écoutez avec la plus grande attention mon
« exhortation dernière. Comme il y a deux

« sortes d'œuvres, celles des bons et celles des
« méchants, il y a aussi deux séjours différents
« où les justes et les impies recevront le prix
« de leurs actions. Ayez donc soin de faire le
« bien et d'éviter le mal, afin de vous trouver
« au nombre des justes et d'être inscrites au
« livre de vie. Les bonnes œuvres vien-
« nent de trois sources principales : la foi, l'es-
« pérance et la charité ; mais la charité est tel-
« lement au-dessus de la foi et de l'espérance
« que la charité est Dieu même, comme le dit
« saint Jean : *Dieu est charité ; celui qui possède*
« *la charité demeure en Dieu et Dieu demeure en lui.*
« (*Ep.* i. *Joan.* iv. 16.) Si donc vous voulez que
« la charité, c'est-à-dire Dieu, règne toujours
« parmi vous, chassez bien loin de vous la dis-
« corde, c'est-à-dire le démon. Fidèles aux
« promesses de votre baptême, renoncez à l'en-
« nemi de tout bien et à ses pompes ; aimez
« Dieu de tout votre cœur, et observez ses
« commandements ; aimez chaque chrétien
« comme vous-même, car *celui qui hait son frère*
« *est homicide.* (*Ep. Joan.* iii. 15.) Traitez les
« autres comme vous voulez être traitées vous-
« mêmes. Si l'esprit de Dieu demeure en vous,
« vous serez le temple de Dieu, et le temple de
« Dieu, qui n'est autre que vous-mêmes, sera

« saint. Gardez-vous de souiller le temple de
« Dieu, parce que vous avez été créées à l'image
« de Dieu, et *si quelqu'un profane le temple de*
« *Dieu, Dieu le perdra.* (*Ad. Chor.* III. 17.)

« Que toujours parmi vous règne une cha-
« rité parfaite et une humilité sincère. Obéis-
« sez à vos supérieurs, aimez-vous les unes les
« autres, et rendez-vous mutuellement service
« par charité. Évitez de parler beaucoup,
« *car les longues conversations ne sont jamais*
« *exemptes de péché.* (*Prov.* X. 19.) Agissez en
« tout avec discrétion ; fuyez la duplicité, la
« bonne chair, l'excès du vin et du sommeil.
« Appliquez-vous soigneusement aux lectures
« de piété et aux bonnes œuvres, parce que
« l'oisiveté est l'ennemie de l'âme. Ne vous
« laissez jamais aller au péché, et, dociles aux
« inspirations de Dieu, effacez par l'exercice
« de la pénitence les fautes que vous avez com-
« mises. Que sans cesse votre bouche publie la
« gloire de Dieu, et souvenez-vous que toujours
« le démon s'efforce de faire tomber les fidèles
« serviteurs de Jésus-Crist. Donnez aux mala-
« des ce qui leur est nécessaire ; faites l'au-
« mône aux pauvres, car *l'aumône délivre de la*
« *mort, et éteint le péché comme l'eau éteint le*
« *feu.* (*Tob.* XII. 9.) Ensevelissez les morts, et

« venez en aide à tous ceux que vous pourrez
« secourir. Éloignez-vous du mal, exercez-vous
« à la pratique des bonnes œuvres, et observez
« vos vœux, afin d'hériter de la céleste patrie.
« Enfin, je vous en supplie, lorsque, dans douze
« jours, mon âme aura quitté la terre, déposez
« mon corps auprès de mon frère Godegrand
« évêque et martyr de Jésus-Christ. »

Pendant qu'elle exhortait ses religieuses par ces pieux entretiens et beaucoup d'autres, la Bienheureuse tomba malade et ressentit les atteintes d'une fièvre cruelle qui la força de garder le lit; mais, quoiqu'elle fût en proie aux douleurs les plus vives, elle ne cessait pas cependant de louer et de bénir le Seigneur.

Un matin, au lever de l'aurore, la chambre où elle avait passé la nuit se trouva tout-à-coup remplie d'une éblouissante lumière et l'air fut embaumé des plus suaves parfums : au même instant apparaissent sainte Cécile et sainte Luce. Opportune les accueille en leur disant avec une douceur ineffable : « Je vous sa-
« lue, mes sœurs Luce et Cécile; que demande à
« sa servante la glorieuse Vierge Marie, la reine
« du ciel et la souveraine maîtresse de toutes les
« vierges ? »

Sainte Cécile et sainte Luce lui répondent :

« O très-noble épouse de Jésus-Christ, Oppor-
« tune, l'Immaculée Vierge Marie vous attend
« dans le Paradis, pour vous unir à son divin
« fils que vous avez aimé sur la terre de tout
« votre cœur; bientôt couronnée de gloire, te-
« nant à la main la lampe allumée, vous irez
« au-devant de l'époux et de l'épouse. »

Opportune goûtait encore toute la joie de cette céleste vision, quand elle aperçut à gauche dans un coin de sa chambre un horrible démon. Il ressemblait à un noir Ethiopien ; de ses cheveux et de sa barbe dégouttait une sorte de poix brûlante, ses yeux étaient comme un fer qui, sorti de la fournaise, lance de tous côtés des milliers d'étincelles. Sa bouche et ses narines vomissaient la flamme et exhalaient comme une vapeur de soufre. Sans s'effrayer de sa vue Opportune lui dit : « Satan, auteur de tout mal, je te défends de bouger d'ici. » Aussitôt elle fait venir ses religieuses et leur montrant ce terrible ennemi du genre humain : « Voici leur dit-
« elle, l'esprit immonde, l'inventeur de tous
« les crimes ; chaque jour il nous obsédait,
« mais aujourd'hui, grâce à Dieu, il est vaincu
« et confondu par la servante du Seigneur. C'est
« pourquoi, mes très-chères sœurs, je vous en
« supplie, gardez-vous bien d'obéir à ses sug-

« gestions et à ses perfides conseils. » Puis se tournant vers le démon : « Au nom du Sei-
« gneur, retire-toi, ennemi cruel et farouche,
« car je suis la servante de Jésus-Christ, et tu
« ne me séduiras pas comme tu as séduit Eve
« la première femme. »

A la suite de cette vision, et grâce aux recommandations de leur sainte abbesse, les religieuses furent plus ferventes et redoublèrent de zèle pour le service de Dieu.

Cependant la maladie continuait à faire des progrès ; le douzième jour, comme elle l'avait prédit, Opportune sachant que l'heure de son trépas était proche, dit aux prêtres d'offrir pour les besoins de son âme le saint sacrifice de la messe, et ordonna à toutes ses religieuses sans exception de présenter pour elle au Seigneur des prières et des offrandes ; elle se fit ensuite apporter le corps de Notre Seigneur, et l'ayant reçu elle dit : « Seigneur, que votre
« corps procure le salut de mon âme ! »

Dans ses derniers moments, pendant qu'elle célébrait les louanges de Dieu en union avec le clergé et les religieuses du monastère rangées autour de sa couche, elle s'écria devant toute l'assistance en regardant du côté de la porte :
« Voici ma souveraine maîtresse, voici la bien-

« heureuse Vierge Marie qui vient à moi ! Je
« vous confie tous à elle, car je ne vous verrai
« plus en ce monde ! » Elle étend les bras
comme pour embrasser la mère de Dieu et,
dans cet élan d'amour, son âme se détache de
son corps pour aller vivre avec Jésus-Christ
dans les siècles des siècles.

Après que tous à l'envi l'eurent pleurée
comme leur propre mère, ils déposèrent son
corps près du tombeau de son frère, selon
qu'elle le leur avait recommandé pendant sa
vie. Par l'intercession de ces deux grands saints
Dieu a opéré beaucoup de miracles durant les
nombreuses années que leurs reliques reposè-
rent en cet endroit ; mais lorsque le corps de
la bienheureuse et admirable Opportune, pour
être mis en sûreté, en fut enlevé par la piété
des fidèles, sur son passage et dans tous les
endroits où il fut déposé, dans les domaines,
châteaux ou fermes, partout des merveilles
sans nombre l'ont accompagné et de grands
prodiges ont été opérés par Notre-Seigneur-
Jésus-Christ. A lui appartient louange, honneur, grandeur et puissance avec Dieu le Père
et le Saint-Esprit dans tous les siècles des siècles.

Moi Adelin, humble évêque de Séez, j'ai écrit avec le secours de Dieu cette *Vie* de sainte Opportune.

FIN DE LA VIE DE SAINTE OPPORTUNE PAR SAINT ADELIN.

APPENDICE

VIE
DE SAINTE OPPORTUNE
EN VERS

Nous allons terminer ce premier livre par une *Vie* de sainte Opportune écrite en vers français très-anciens dont nous ne connaissons pas l'auteur. Elle a été conservée par Marin Prouverre dominicain d'Argentan, dont nous avons déjà parlé, et qui a composé plusieurs ouvrages, entr'autres *l'Histoire ecclésiastique du diocèse de Séez* (1625) et *l'Histoire générale de la Normandie* (1631). — La haute antiquité et la naïve originalité de cette poésie en font un monument historique curieux et plein d'un véritable intérêt. Les prodiges du Pré-Salé et de l'oiseau ressuscité, que nous avons rapportés plus haut, y sont longuement racontés. Comme les expressions ne sont pas toutes faciles à comprendre, nous faisons suivre de notes explicatives celles qui paraissent moins intelligibles.

  Seigneurs et dames entendez
  Qui à Dieu service rendez :
  De sainte Opportune diray
  La vie qu'appris en ai.
  Un saint Evesque eust jadis
  A Séez, or est en paradis.
  Noble homme fut, de grand renom,
  Saint Godegrand l'appelle-t-on ;
  Ly Evesque avait une sœur
  Qui Dieu aimait de tout son cœur.
  Opportune estait son nom :
  Bien ly sied, ne fut pas surnom,
  Convenable fut vrayment.
  Dès qu'elle était jeune enfant,
  A Dieu voua sa virginité,
  Bien la maintint sans fausseté.
  Saint Godegrand bien l'enseigna
  Et saintement la doctrina,
  Aux commandements de la loi,
  Et aux articles de la foi.

Matines, vesper et psautiers
Chacun jour disait volontiers.
A Dieu prier et jour et nuict
C'était chacun jour son déduit ;
Quand elle eut bien passé quinze ans,
Son père et ses nobles parents,
Si lui voulaient donner mari :
A donc eut-elle le cœur marri.
La pucelle repond : vrêment
De ce ne férai-je noyant (1)
Je suis épouse de Jésus-Christ
Qui à son image me fist.
A Dieu ay mon cœur et m'amour,
Je n'en partirai à nul jour,
Pour tout l'avoir de tout le monde
Qui comme nef (2) remet et fond.
Quand l'y Evesque ouict et entend
Sa sœur, à Dieu grâces en rend.
Au tiers jour du lendemain
Almenêches fut fait nonnain (3).
Moult fut en grande dévotion,
Quand fut à la religion.
A rien ne pensait fors qu'à Dieu,
A qui elle avait faict son vœu.
Obédience, humilité,

(1) *Noyant* — Nullement.
(2) *Nef* — Neige, du latin *nix nivis*.
(3) *Nonnain* — Religieuse.

Paix, concorde et charité,
Bonnes vertus et bonnes mœurs,
Saintes œuvres maintint toujours.
La mort qui tout prend sans retour,
L'abbéisse print, lour patour. (1)
A donc par le plaisir de Dieu
Opportune fut en son lieu.
Le couvent pour élection
Priant ô grand dévotion,
Un ange dist et annonça :
Saincte Opportune le sera.
Les dames de si bon pasteur
Aouraient (2) Dieu le créateur.
Moult grand joye démennent lors
La gent et le peuple dehors.
Quand elle fut en la dignité,
Des poures gens eult grand pitié :
Nul ne s'en allait esconduit,
C'était s'estude (3) et son déduit.
Pain d'orge sa demande étoit,
Et de lève (4) quand el beuvoit ;
De l'abstinence qu'elle fesoit
Le couvent s'en merveilloit ;
Pour la solennité du jour,

(1) *Lour Patour* — Lourde douleur de *pati* souffrir.
(2) *Aouraient* — Priaient, du mot *Orare*.
(3) *S'estude* — Son étude.
(4) *Leve* — L'eau.

Au dimanche prenoit savour,
D'un peu de poisson et de vin,
Mêllé à leve en Madelin (1).
La hère avoit nuict et jour,
Pour l'amour de son Créatour ;
Par dessous son habit portoit,
Et Jésus-Christ la confortoit.
Plusieurs lui dirent des nonnains :
Las! dame, que vous souffrez gran faim;
De vins, de chairs et de poissons,
Prenez gregneurs (2) refections.
Elle répond : Adam jadis,
En mangeant perdit paradis.
Se nous le voulons recouvrer,
De jeusnes nous convient ouvrer.
En dorteur son lict estoit,
Un sac au lieu de coyte avoit ;
De sainctes lermes de ses yeux
A arousé en plusieurs lieux ;
Couverteur de vert et de gris,
Par dessus estendu et mis.
La dignité le réquéroit,
Et le parage dont estoit.
Toutes les nuicts yst (3) à matines

(1) *Madelin* — Espèce de gobelet.
(2) *Gregneurs* — Plus grandes ou meilleurs. Ce mot était très-usité chez les anciens poëtes français.
(3) *Yst* — Etait.

Tant qu'elles estoient toutes dictes,
Et le jour continument,
Yst au service entièrement.
Après estoit en oraison,
Et réquérait Dieu par son nom.
Qui lui donnast bien gouverner
Son couvent et en paix garder.
Se aucune dame du couvent,
Fut de rien inobédient
Alast à lyé (1) pour corriger,
Elle eust pardon bien déliger (2).
Seigneurs, or vous plaise à ouir,
Mieux en vaudroit de retenir,
Quels miracles notre Seignour,
Fist en sa vie pour l'amour :
Or avint que tant seulement,
N'avoit qu'un asne en leur couvent,
Qui toujours du bois aportoit
De la forest qui près estoit ;
Le forestier l'asne a prins
Erraument (3) l'a en prison mins.
Requis l'ont souvent et menu,
Oncques ne peut estre rendu.
La dame alla jusqu'au seigneur,

(1) *Alast à lyé* — Allait à elle.
(2) *Déliger* — Aimer, du mot *diligere*. Elle aimait à pardonner.
(3) *Erraument* — Par erreur ou malice.

Qui du pays était le gregneur :
Sire, notre asne que tenez,
Pour Dieu, s'il vous plaît, rendez.
Le sire répond cruellement :
Ce pré qui là est si grand
Sera couvent de sel menu,
Avant que l'asne soit rendu.
Tantost la dame s'en revint
Au monstier, à genoux se mint.
Puis réclama son Créateur
Qu'elle ait son asne sans demeur (1).
L'endemain fut le pré couvert,
De sel menu tout en apert (2).
Quand ly sire voit et entend,
De ce qu'il a fait se repend.
L'endemain le riche homme vist (3)
A sainte Opportune et lui dist :
Sainte dame, merci requiers
De ce que vous fis avant-hier,
Votre asne rend a toujoursmez (4)
Et la franchise en mes forès,
Et le pré tout couvert de sel
Donne et quitte à cet hostel. (5)

(1) *Sans demeur* — Sans retard, *sine mora*.
(2) *Tout en apert* — Tout à découvert, *in aperto*.
(3) *Vist* — Vint ou alla.
(4) *Toujoursmez* — A tout jamais.
(5) *A cet hostel* — A cette maison.

Quand il eust donné et promis,
Le sel fut fondu et remis.
Ce miracle est partout allé,
Encore a nom le Pré-Sallé.
Jantes sauvages plus de mil
En leurs biens faisoient grand escil; (1)
Le lieu pour servant ne messier
Ne voulaient guerpir ou laissier.
La bonne dame vint à eux
Et les accueillit deux à deux.
En bon parcq clos à bons palis
Les mit comme l'on fait brebis ;
Une nuict et un jour entier,
Furent sans boire ne manger.
Et quand ils seront eschappés
Jamais ne seront estropiés ;
Sainte Opportune en eut pitié,
Les seigne (2) et leur donne congé.
Et leur commande de par Dieu,
Qu'ils ne retournent plus au lieu.
Or s'en vont les jantes volant
Autour de l'abbaye et criant
En leur langage appelant haut
Une compaigne qui leur faut.
La bonne dame les entend,

(1) *Escil* — Nourriture, festin, du mot latin *esca*.
(2) *Les seigne* — Les signe ou les bénit.

Sa gent faict venir en présent,
Et veut savoir la vérité,
Lequel lay à son parcq robé. (1)
Un sergent à genoux se mist
Devant lyé, confessa et dist :
Je prins la jante folement
Et l'ay mangée, je m'en repend. —
Va tost, dit-el, quérir les os,
Aporte les menus et les gros,
Devant moi soient-ils assemblés
De l'oysel que tu as emblez (2).
Et la dame les os signa,
Moult doucement Dieu réclama
Qui lui rende l'oysel volant
Ainsi comme estoit devant.
Dieu qui le monde tout créa
L'oysel refist et reforma ;
Pour un os qui fut faillant
Vont les jantes d'un pied clochant.
Or s'en vont ly oysel banni,
Le lieu eut laissé et guerpi.
Ce miracle fist Jésus-Christ
Pour la dame qui lui réquist.
Lors fit la dame une oraison,

(1) *Robé* — Dérobé.
(2) *Emblez* — Emporté.

Se aigle, goupil (1) ou larron,
Aucune beste leur ostast,
Saine et sauve leur reportast.
Sainte Opportune a tel pover (2)
Devant Dieu et ce deven scaver. (3)
Cil qui vient à lyé a refuit (4)
Il ne s'en va pas esconduit.
S'aucun (5), sachiez de vérité,
La réquiert pour infirmité.
Soit de fièbure ou d'apostume,
Ou de maladie d'enflume,
Dès qu'il est devant son image
Assez tost il lui assoulage (6).
Or prions Dieu qu'il sauve et gard,
Tous ceux qui viendront ceste part (7)
Réquerrer de près ou de loin,
Sainte Opportune pour besoin.

(1) *Goupil* — Renard.
(2) *Tel pover* — Telle puissance.
(3) *Deven scaver* — Probablement : divin Sauveur.
(4) *Refuit* — Celui qui vient à elle à refuge.
(5) *S'aucun* — Si quelqu'un.
(6) *Il lui assoulage* — Il reçoit du soulagement.
(7) *Ceste part* — De quelque part.

LIVRE SECOND

CULTE DE SAINTE OPPORTUNE

DEPUIS SA MORT JUSQU'A NOS JOURS.

CHAPITRE Ier

Pieuses manifestations en l'honneur d'Opportune. — Les fidèles se partagent ses vêtements et commencent à l'invoquer. — Sa sainteté se manifeste par des miracles. — L'Église autorise son culte et expose ses reliques à la vénération publique. — Invasion des Normands. — Les reliques de la Bienheureuse sont portées à Moussy. — Elles y opèrent de nombreux prodiges. — Altrude est forcée de recourir à l'intercession de sainte Opportune.

Les merveilles, qui avaient signalé la vie de sainte Opportune, n'étaient que le prélude des prodiges sans nombre qui s'opérèrent après sa mort et contribuèrent à répandre rapidement culte.

Saint Adelin nous a conservé la relation de quelques-uns de ces miracles, dont il avait été lui-même témoin ou qu'il avait puisés à des sources certaines, nous les reproduirons textuellement dans leur ordre chronologique.

D'après l'opinion communément reçue, ce fut le 22 avril 770 que la bienheureuse Opportune rendit sa belle âme à Dieu. La nouvelle de sa mort causa dans tout le pays une consternation générale, car si les religieuses du monastère la pleuraient comme la meilleure des mères, les pauvres et les infortunés perdaient en elle leur Providence visible. Le successeur de saint Godegrand, Ragenfride, qui avait administré à la sainte abbesse les sacrements des mourants, voulut aussi lui rendre les derniers devoirs. Autour de son cercueil se pressaient en foule les fidèles fondant en larmes; mais personne n'avait la pensée de prier pour le repos de son âme, au contraire chacun, prévenant le jugement de l'Église, réclamait la protection d'Opportune auprès de Dieu. En peu de temps ses vêtements et les objets qui lui avaient appartenu furent partagés comme des reliques et l'on ne put réserver intacts que son cilice, sa robe de bure et sa ceinture, dont nous aurons occasion de parler plus tard.

Pour se conformer aux recommandations qu'elle avait faites avant sa mort, on déposa son corps dans un caveau voûté près de celui de son frère Godegrand. Ces deux tombeaux, placés sous le chœur de l'église du monastère, formaient deux chapelles souterraines, où l'on pouvait descendre, et dont l'entrée se trouvait en dehors de l'église. Celui de sainte Opportune était à droite de l'autel et l'autre du côté opposé.

La mort avait pu dissoudre la dépouille mortelle de ces deux grands Saints ; mais leur souvenir continuait à vivre dans tous les cœurs et la vénération dont ils étaient l'objet ne faisait que grandir de jour en jour. Longtemps les vertus d'Opportune exhalèrent leurs parfums, et les habitants du pays, en se rappelant les traits augustes de son visage, croyaient jouir encore de ses pieux entretiens, voir ses touchants exemples et entendre ses maternelles exhortations. Aussi partout régnait la piété la plus tendre. Les religieuses en particulier menaient une vie très-fervente et la bienheureuse Nicole, qui, au témoignage de plusieurs auteurs, succéda à sainte Opportune en qualité d'abbesse, mérita par ses vertus d'avoir son nom inscrit dans le catalogue des saints.

De leur côté les fidèles, habitués qu'ils étaient à trouver auprès de leur bonne abbesse le secours et la consolation dans toutes leurs infortunes, venaient en foule à son tombeau implorer sa bienfaisante médiation. A l'exemple des religieuses, ils l'avaient appelée durant sa vie : « leur mère » et, dans un même sentiment de piété filiale, après sa mort ils lui donnaient aussi ce doux nom, et lui disaient, comme on le fait encore à Almenêches, « *Sancta mater Opportuna ora pro nobis.* » « O notre bonne et sainte mère Opportune, priez pour nous qui sommes vos enfants ! »

Ces témoignages d'amour et de confiance ne montaient point en vain vers le ciel : la charité d'Opportune n'avait fait que se dilater dans le séjour des Bienheureux et presque toutes les grâces sollicitées par son entremise étaient accordées sur le champ. Souvent même d'éclatants miracles venaient donner un nouvel aliment à la ferveur; aussi les pèlerins affluaient-ils de toutes parts surtout au jour anniversaire de sa mort, et, s'il est difficile d'apprécier le nombre de ceux qui vinrent à son tombeau chercher des remèdes contre les maladies de l'âme et du corps, il ne le serait pas moins de raconter toutes les merveilles qui s'y sont opérées.

Touchée de tant de prodiges, l'autorité ecclésiastique, après les avoir juridiquement constatés, autorisa le culte public de la sainte abbesse. Ses ossements précieux, retirés du tombeau par l'évêque de Séez (probablement Saxobode), furent déposés dans une châsse de grand prix; on y ajouta sa robe de bure, sa ceinture et son cilice, enveloppés dans une étoffe de soie richement brodée, puis après avoir scellé la châsse, on la laissa exposée à la vénération des fidèles.

Le Seigneur, qui se plaît à exalter les humbles, reservait encore de plus grands triomphes à sa fidèle servante. Quatre-vingts ans après sa mort, Opportune est appelée à parcourir une grande partie de la France, pour y signaler son crédit auprès de Dieu et recevoir les plus respectueux hommages.

Les invasions des Normands servirent à réaliser ces desseins de la Providence. C'était l'époque où ces hommes du Nord, après avoir pillé le littoral, enhardis par le succès, s'étaient avancés plus avant dans les terres, ravageaient la Neustrie et semaient sur leur passage la dévastation et la mort.

Hildebrand II occupait alors le siège épiscopal de Séez. A la vue du fléau qui grandit chaque jour et devient plus menaçant, il va trouver le roi Charles-le-Chauve, lui dépeint les malheurs, qui sont venus fondre sur son troupeau et lui exprime la crainte de voir le saint corps de la bienheureuse Opportune tombé entre leurs mains et profané par ces barbares.

Le nom de l'illustre abbesse était connu de Charles-le-Chauve et de son frère Louis-le-Germanique. Ayant bien des fois entendu le récit de ses miracles, ils avaient pour elle une grande vénération. Mais que faire? Comme ils ne pouvaient par la force des armes protéger ses reliques contre les profanations, ils engagèrent Hildebrand à les apporter aux environs de Paris, où elles seraient plus en sureté ; ils lui offrirent même pour les déposer le domaine royal de Moussy à quelques lieues de la capitale.

Une proposition si généreuse ne pouvait manquer d'être acceptée avec reconnaissance par Hildebrand ; mais le bruit de cette détermination fut à peine connu à Almenêches et aux alentours que le deuil et la désolation furent à leur comble. Déjà les reliques de saint Godegrand, pour échapper à ces barbares, avaient du prendre le chemin de l'exil (1) et l'on tremblait à la seule pensée d'être aussi privé des restes vénérés de la sainte abbesse.

Toutefois l'horizon devenait de plus en plus sombre et menaçant; le danger était imminent, il fallut se résigner à la séparation. On se flattait d'ailleurs qu'elle serait de peu de durée. La divine Providence en avait disposé autrement.

« L'église de Séez, dit saint Adelin, en puni-
« tion de ses péchés était cruellement éprouvée
« par les barbares venus du Nord. Partout ces
« farouches payens semaient la dévastation : ils
« pillaient, brûlaient et égorgeaient les hommes
« et les femmes, les orphelins et les veuves,
« les enfants et les vieillards.

« Cependant le bruit des éclatants miracles
« de sainte Opportune était parvenu jusqu'à la
« cour. Le célèbre roi Louis-le-Germanique,
« frère du glorieux seigneur Charles, notre sé-
« rénissime roi, à qui nous sommes redevables

---

(1) Les reliques de saint Godegrand furent portées d'Almenêches à Séez, puis à Saint-Cénery près d'Alençon, de là aux Pannecières près de la ville du Mans et enfin au Château de l'Isle-Adam.

« de notre dignité, (que Dieu l'ait en sa sainte
« garde) le roi Louis, dis-je, voyant le danger
« que couraient les reliques de sainte Oppor-
« tune, offrit, pour les mettre en sureté, le do-
« maine de Moussy, au très illustre Hildebrand,
« évêque de Séez, qui l'accepta de grand cœur,
« et, pour soustraire son clergé aux véxations
« des Normands, il en fit venir une grande par-
« tie à Moussy avec le corps de la Bienheureuse.

« Déjà la plupart des clercs manquaient du
« nécessaire, ils n'avaient plus que peu de
« pain, moins encore de vin, et ils s'attristaient
« dans la perspective d'être bientôt réduits à
« la famine et à la nudité. Aussi s'empressè-
« rent-ils d'obéir aux ordres de leur Evêque et
« ils partirent avec les restes vénérés de la
« sainte abbesse.

« A cette nouvelle, les habitants des pays
« qu'ils traversaient se pressaient de toutes
« parts sur leur passage et les suppliaient de
« leur permettre de porter eux-mêmes le saint
« corps sur leurs épaules.

« Il n'y avait point alors d'église à Moussy ;
« les reliques furent déposées dans la maison
« d'un habitant nommé Gorlin. Au moment
« même de leur arrivée, un aveugle étant venu
« les vénérer recouvra aussitôt l'usage de la

« vue. Peu après accoururent de nombreux
« malades qui tous obtinrent leur guérison, en
« sorte que ce jour là tous ceux qui purent tou-
« cher la châsse vénérée s'en retournèrent
« sains et saufs, quelque fût leur maladie. Au
« témoignage d'un grand nombre de contempo-
« rains, en ce seul jour, depuis midi jusqu'au
« coucher du soleil, plus de seize malades, boi-
« teux, possédés, sourds et muets furent mira-
« culeusement guéris. »

Ces prodiges et beaucoup d'autres firent comprendre aux habitants de Moussy et des environs la glorieuse mission qui leur était confiée, et volontiers ils s'imposèrent de généreux sacrifices pour ériger une église où, leur trésor pût être dignement renfermé.

En attendant que ce sanctuaire fût bâti, la maison de Gorlin, transformée en chapelle et richement ornée, servit d'asile aux saintes reliques. Les prêtres y célébraient le divin sacrifice, les chanoines et les clercs récitaient l'office canonial et les fidèles accouraient en foule implorer la protection de la Bienheureuse.

Un événement extraordinaire vint donner un nouvel élan à ces témoignages de dévotion et, tout en faisant éclater la miséricordieuse protection d'Opportune, montra que le Seigneur ne laissait point impunies, les irrévérences envers son illustre servante.

« Il est bon de raconter, dit saint Adelin,
« comment sainte Opportune ramena à des
« sentiments d'humilité et de crainte de Dieu
« une femme remplie d'orgueil et de vanité.
« Le Seigneur en effet tire sa gloire de tout ce
« qu'il opère par ses serviteurs et, comme dit
« la sainte Ecriture, Dieu est admirable dans
« ses saints.

« Les servantes d'une dame nommée Altrude,
« ayant entendu raconter les merveilles que le
« Seigneur opérait par sainte Opportune, s'en
« allèrent, un samedi après trois heures du
« soir, visiter l'oratoire de l'auguste Vierge.
« Apprenant où elles étaient, leur maîtresse
« dans un accès de colère se permit de dire :
« « Sans doute mes servantes n'ont rien à faire
« pour aller courir après les os de je ne sais
« quelle femme morte ! » Elle les fit revenir
« promptement à la maison et elle s'apprêtait
« à les frapper avec violence ; mais Dieu voulant
« manifester le grand crédit dont sainte Opor-
« tune jouit dans le ciel, vint au secours des
« pauvres filles. Tout à coup Altrude est saisie
« de douleurs d'entrailles si violentes que son
« fouet lui tombe des mains et elle reste tortu-

« rée, jusqu'à ce qu'elle se soit fait porter dans
« le sanctuaire de la Bienheureuse et qu'elle y
« ait confessé publiquement sa faute.

« Cette leçon porta ses fruits, car, une fois
« guérie, Altrude rendit beaucoup de services
« aux clercs qui avaient accompagné les reli-
« ques et leur procura ce qui leur était néces-
« saire. De leur côté les autres femmes du voi-
« sinage se montrèrent plus empressées à ho-
« norer sainte Opportune. »

Grâce aux libéralités d'Altrude et aux offrandes des pèlerins on eut bientôt érigé une
église à Moussy. Les prodiges s'y multipliè-
rent à tel point que d'après saint Adelin : « On
« y trouvait tout ce que l'on cherchait avec un
« cœur droit ; les malades y recevaient la santé
« et les pécheurs leur pardon ; et nous affir-
« mons que notre faible langue, ni même quel-
« qu'autre plus habile, ne saurait jamais racon-
« ter toutes les merveilles que Dieu y a opérés
« par sainte Opportune. »

CHAPITRE II.

Hildebrand II emporte de Moussy à Paris une partie des reliques de sainte Opportune. — Honneurs dont elles y furent l'objet. — Guérison d'Adalard. — Une aveugle recouvre subitement la vue. — L'oiseau merveilleux.

—⁂—

Quoique le domaine de Moussy fût considérable, il ne suffisait pas cependant à l'entretien de Hildebrand et du clergé de Séez qui l'avait accompagné. Charles-le-Chauve en étant averti donna de plus à l'illustre Prélat l'antique église de Notre-Dame-des-Bois à Paris. C'était un lieu de pélerinage très-fréquenté, qui offrait beaucoup de ressources.

En quittant Moussy avec quelques uns de ses chanoines pour aller en prendre possession, Hildebrand emporta une partie du corps de la Bienheureuse dans cet auguste sanctuaire, où tant de merveilles devaient bientôt révéler sa puissance.

Opportune, qui s'était faite pauvre pour Jésus-Christ, voit ses ossements enchâssés dans les métaux du plus grand prix ; elle qui avait dédaigné les vains honneurs du monde, attire maintenant à ses pieds tout le peuple de la capitale et les sommités de la France. Que dis-je? les rois eux-mêmes viennent humblement implorer sa protection, et son nom est sur toutes les lèvres comme dans tous les cœurs.

Un des premiers miracles opérés par son entremise dans le sanctuaire de Notre-Dame-des-Bois fut la guérison subite d'Adalard, personnage d'un assez grand renom ; elle eut lieu en présence de Louis-le-Germanique et d'une foule immense réunie pour la fête de sainte Opportune, ce qui lui donna beaucoup de retentissement.

« Depuis trente ans, un homme du nom d'A-
« dalard était presque entièrement perclus des
« jambes, et, quoiqu'il fût d'une riche famille,
« cette longue infirmité avait absorbé toute sa
« fortune. Un jour que les habitants de Paris
« allaient en foule au sanctuaire de sainte Op-
« portune pour y célébrer pieusement sa fête,
« Adalard en les voyant passer eut la pensée
« de s'y rendre lui-même. Mais l'affluence
« était si grande qu'il ne pouvait entrer. En-
« fin il pénètre, comme il peut, devant l'autel.
« A peine y a-t-il prié pendant quelques ins-

« tants que tout à coup il se sent guéri et pro-
« clame hautement la grande puissance de la
« Bienheureuse auprès du Seigneur. Témoin
« de ce miracle, le roi Louis-le-Germanique
« ajouta aux donations faites à sainte Opportune
« les prés situés au-dessous du Mont-des-Mar-
« tyrs (Montmartre) et les *Petits-Champs,* voi-
« sins de la porte de la ville. Avec le consente-
« ment du roi, Hildebrand, évêque de Séez,
« d'heureuse mémoire, qui administrait alors
« cette église, fit consacrer le revenu de ces
« biens à l'entretien de ses chanoines. »

« L'année suivante, continue saint Adelin,
« durant les pieuses solennités de la fête
« de sainte Opportune, le Seigneur tout-puis-
« sant fit encore un insigne miracle.

« Le premier jour de l'octave, pendant qu'on
« célébrait la sainte messe, de nombreux ma-
« lades étaient venus implorer le secours di-
« vin, entr'autres une femme qui depuis long-
« temps avait perdu la vue. Au moment où,
« selon l'usage, les fidèles se donnaient le
« baiser de paix, la pauvre aveugle en le rece-
« vant fut subitement guérie, et, devant tous
« les assistants, elle déclara que, par l'interces-
« sion de la sainte Abbesse, elle avait recouvré
« la vue, à l'instant même où elle avait reçu le

« baiser de paix. Le même jour, par la miséri-
« corde du Seigneur, beaucoup d'autres per-
« sonnes atteintes de diverses maladies retrou-
« vèrent la santé. »

Depuis longtemps déjà l'église de Notre-Dame-des-Bois était insuffisante pour contenir les pélerins qui affluaient de tous côtés. Mais leurs aumônes, jointes aux libéralités royales de Charles-le-Chauve et de son frère, permirent de l'agrandir considérablement, et d'y fonder même plusieurs nouveaux canonicats ; enfin vers l'an 857, elle prit définitivement le nom d'*Eglise Sainte-Opportune.* Telle fut l'origine de la célèbre église collégiale Sainte-Opportune à Paris, où, comme nous le verrons plus tard, s'opérèrent tant de merveilles. Citons seulement en terminant ce chapitre un fait charmant, qui peint bien la foi naïve et les mœurs éminemment religieuses de ce temps-là.

« Un jour bon nombre de pélerins allaient
« porter leurs offrandes dans l'église de sainte
« Opportune. Parmi eux se trouvait une
« femme très-pauvre, qui n'avait absolument
« rien à présenter. Chemin faisant elle aperçoit
« dans les airs une belle alouette. Remplie de
« foi, elle s'écrie : « Madame Opportune, s'il
« vous plaît, que cet oiseau vienne à moi pour

« que je puisse vous l'offrir. » L'alouette aus-
« sitôt descent et se repose sur elle. Toute
« joyeuse elle la prend doucement et la porte
« sans tarder sur l'autel de la Bienheureuse.

« Pour conserver à la postérité le souvenir
« de ce touchant miracle, l'évêque de Paris fit
« ajouter à la dix-neuvième strophe de la
« prose, qui se chante à la messe, le jour et du-
« rant l'octave de la fête de sainte Opportune,
« ces paroles : *Volat avis alacriter gratis egenti*
« *munere*. L'oiseau s'envole gaîment et sert
« gratuitement d'offrande à la pauvre voya-
« geuse. »

CHAPITRE III.

Saint-Adelin est nommé évêque de Séez. — Il fait vœu d'écrire la vie de sainte Opportune. — De terribles épreuves lui rappellent ses promesses oubliées. — Opportune le sauve miraculeusement. — Pendant qu'Adelin écrit à Almenêches l'histoire de la Bienheureuse, une femme est guérie subitement. — Otolgrin recouvre la santé. — Le démon est chassé du corps d'Osbirège.

———

Hildebrand II était mort au commencement de l'année 877 ; Charles-le-Chauve songea à le remplacer sur le siége épiscopal de Séez. Il fixa les yeux sur Adelin, jeune religieux du monastère de Saint-Calais, au diocèse du Mans, dont il avait su apprécier la science et les vertus.

Ce choix, quelqu'heureux qu'il parût, ne fut pas agréé de tout le monde et souleva des réclamations : d'ambitieux prétendants firent même une opposition formelle, et, quoique préconisé par le souverain Pontife, Adelin vit l'heure où il ne pourrait prendre possession de son siége épiscopal. Le diocèse du Mans avait en grande vénération la bienheureuse Opportune, surtout depuis que tant de merveilles avaient eu lieu aux Pannecières (1) pendant que les reliques de son frère Godegrand y reposaient (2).

(1) Le village des Pannecières se trouve près de la ville du Mans.

(2) Hérard, archevêque de Tours (*Vie de saint Godegrand*), raconte quelques-uns de ces miracles : Les malades, dit-il, qu'on apportait sur des lits ou dans des voitures, s'en retournaient d'un pas dégagé, le cœur rempli de joie et de reconnaissance. Plusieurs aveugles, beaucoup de sourds et muets, des paralytiques et des possédés retrouvèrent la santé par l'entremise du martyr Godegrand.

Dom Piolin (*Histoire de l'église du Mans*, Tome II page 421.) rapporte en détail quelques-uns de ces prodiges : « Ce fut
« le troisième jour d'avril, vraisemblablement de l'année
« 871, que le corps de saint Godegrand arriva dans ce lieu
« (les Pannecières) destiné à devenir bientôt le théâtre de
« son pouvoir miraculeux. Douze jours après, en la Vigile
« de Pâques, au milieu du silence de la nuit, les anges firent
« retentir dans les airs, au-dessus du lieu où reposaient
« les saintes reliques, des mélodies qui furent entendues
« dans tous les bois, les champs et les villages à six milles
« aux environs. Tous ceux que ces chants frappèrent furent
« grandement surpris et émerveillés ; on n'avait jamais en-
« tendu une harmonie aussi parfaite et aussi capable de ra-
« vir, et une grande foule sous le charme de ce chant céleste
« se rassembla près du sanctuaire, dépositaire des saintes
« reliques.

« Dans les premiers jours que ces restes précieux repo-
« saient aux Pannecières, et avant que le bruit public eût
« fait connaître qu'elles étaient dans ce lieu, des voleurs s'y
« rendirent pour exercer leur malheureuse industrie. Tous

Adelin en particulier était pénétré pour elle d'une dévotion toute spéciale et, dans la circonstance si délicate où il se trouvait, il résolut de la prendre pour son avocate et de remettre sa cause entre ses mains.

« Lorsque, dit-il, je fus promus au siège
« épiscopal de Séez, on parlait beaucoup des
« miracles de sainte Opportune, mais person-
« ne jusque-là ne les avait consignés par écrit.
« Sur le point d'entrer dans mes nouvelles
« fonctions, j'appris que des concurrents vou-
« laient à force de présents m'enlever cette
« charge si glorieuse. Alors je fis humblement
« vœu à sainte Opportune d'écrire fidèlement
« sa vie et ses miracles, si elle daignait me ve-

« étaient animés du désir de la rapine; mais l'un d'entre
« eux se montrait plus ardent que les autres. Le ciel vou-
« lut qu'il servît d'exemple à ses compagnons par le châti-
« ment dont il fut puni. L'esprit impur s'empara de lui
« sur le lieu même et il expira au milieu des tourments les
« plus atroces.

« Un habitant de la ville du Mans, nommé Isembert,
« homme de bonne réputation et de mœurs irréprochables,
« était tourmenté d'un si violent mal de tête qu'il ne pou-
« vait goûter de repos ni le jour ni la nuit depuis deux ans
« entiers. Il demanda à Dieu sa guérison par l'intercession
« du saint martyr et continua ses prières pendant assez long
« temps. Il fut enfin exaucé et reçut une santé parfaite. »

« nir en aide pour réaliser les desseins de Dieu
« sur moi et me faire triompher de mes comp-
« pétiteurs. Par son intercession, mes vœux fu-
« rent pleinement exaucés. Hélas ! il me faut ici
« confesser en gémissant la criminelle négli-
« gence dont je me rendis coupable. Dès que je
« fus installé, j'oubliai ma promesse.

« Le Dieu tout-puissant ne manque jamais
« de châtier nos péchés en cette vie ou en
« l'autre ; aussi, en punition de ma faute,
« l'année même de ma consécration épiscopale,
« je tombai entre les mains des Normands,
« qui, après m'avoir chargé de chaînes et
« emmené captif au-delà des mers, me ven-
« dirent comme un vil esclave.

« Cet indigne traitement, que je n'avais que
« trop mérité, me fit comprendre que la terre
« et la cendre ne doivent point s'enorgueil-
« lir (1) et que mieux vaut mille fois ne point
« faire de vœux que d'y être infidèle.

« Devenu la propriété de maîtres farouches,
« ni les coups, ni les outrages ne me furent
« épargnés. Enfin, après que j'eus couru des
« dangers sans nombre sur une mer furieuse
« et enduré les angoisses d'un froid exces-

---

(1) *Quare superbis, terra et cinis?* Saint Grégoire pape.

« sif, d'une nudité humiliante, d'une faim
« cruelle et de marches forcées, le Seigneur,
« qui a compassion des pauvres pécheurs,
« permit en sa miséricorde que je revinsse
« dans mon pays natal.

« Je renonce à exprimer combien dans cette
« circonstance la protection de la bienheureuse
« Opportune me fut encore salutaire. Nous étions
« sur le point d'arriver à Saint-Valéry, mes
« compagnons de voyage et moi, lorsque nous
« fûmes surpris et dévancés par une forte ma-
« rée montante qui nous renversa et nous pré-
« cipita dans les eaux. N'ayant plus aucun es-
« poir de me sauver la vie, je me mis à crier :
« sainte Opportune et saint Calais sauvez votre
« serviteur qui périt ! Je ne savais point nager ;
« mais par l'assistance et sous la conduite de
« sainte Opportune, qui m'apparut visible-
« ment, je pus enfin gagner le rivage ; j'étais
« sauvé ! »

De retour dans son diocèse, Adelin n'eut rien
de plus pressé que de se rendre à Almenêches
pour visiter le tombeau de son auguste bienfaitrice ; il y renouvela le vœu d'écrire sa vie
et ses miracles.

Almenêches, il est vrai, n'offrait plus alors
que des tombeaux vides ; mais ces tombeaux

avaient été consacrés par le contact des corps saints qu'ils avaient renfermés et, quoique dépouillés de ce qui avait fait leur gloire, ils conservaient une vertu miraculeuse. Aussi étaient-ils restés l'objet de la vénération publique et d'un pèlerinage très-fréquenté. Pendant l'invasion Normande, ils avaient été respectés, l'église qui les abritait avait été épargnée, et le monastère subsistait toujours.

Après avoir réglé les affaires les plus urgentes de son diocèse, le pieux évêque revint passer quelques jours à Almenêches pour y recueillir des documents authentiques sur la vie, les vertus et les miracles de sainte Opportune. En effet, le meilleur moyen de se procurer des renseignements détaillés et précis, sur chacun des faits qu'il avait à consigner, était de les étudier sur le terrain même où ils s'étaient accomplis.

Non-seulement saint Adelin pouvait interroger ceux qui avaient vécu avec les contemporains de la Bienheureuse, mais il se trouvait en rapport direct avec les personnes qui avaient été guéries miraculeusement et celles qui avaient été témoins de quelques prodiges. Il est même vraisemblable qu'il composa son ouvrage à Almenêches et qu'il l'y publia pour la première fois, sous forme de panégyrique, le jour de la fête de sainte Opportune.

Cette particularité explique comment saint Adelin a pu « voir de ses propres yeux tant
« d'aveugles, de boiteux, de muets, de pos-
« sédés que Dieu avait guéris par les mé-
« rites de sainte Opportune et dont le témoi-
« gnage ne pouvait être revoqué en doute,
« puisque leurs cicatrices étaient-là pour attes-
« ter la faveur dont ils avaient été l'objet.

Parmi ces nombreux miracles citons d'abord la guérison d'une femme qui depuis longtemps ne pouvait marcher.

« Voici un prodige, dit saint Adelin, que
« bien des personnes ont vu comme nous : Un
« habitant d'Almenêches, nommé Adalbode,
« avait coutume de porter à l'église de sainte
« Opportune son épouse, qui était excessive-
« ment incommodée. Les articulations des ge-
« noux ne remplissaient plus leurs fonctions et
« les nerfs s'étaient tellement contractés que
« les jambes repliées en arrière étaient pour
« ainsi dire collées aux cuisses.

« Un jour une pluie abondante avait détrem-
« pé la terre et rempli de boue toutes les rues ;
« les clercs finissaient en ce moment d'appe-
« ler les fidèles à l'office du soir ; l'infortunée,

« se traînant sur les genoux ou plutôt rampant
« dans la boue, faisait des efforts inouïs pour
« gagner l'église. Ceux qui la voyaient ne pou-
« vaient retenir leurs larmes, et plusieurs lui
« offrirent de la porter à bras. « Laissez-moi me
« traîner ainsi, répondit-elle, afin que sainte
« Opportune, ma maîtresse, voie l'affliction de
« sa servante. » A force de temps et de peines,
« elle arriva enfin, et le soir même, par la puis-
« sance de sainte Opportune, elle fut subite-
« ment et complètement guérie. Seulement sa
« tête resta longtemps baignée de sueurs, comme
« pour témoigner des souffrances qu'elle avait
« éprouvées. En un instant cette nouvelle
« se répand dans tout le voisinage; chacun
« s'empresse d'accourir et tous exaltent à l'en-
« vi la miséricorde divine et bénissent le Sei-
« gneur d'avoir glorifié sa servante Opportune.
« La femme ainsi guérie se nomme Aldecude;
« aujourd'hui encore elle marche avec la plus
« grande facilité, et elle en rend hommage au
« Seigneur. »

Quelque temps après, un autre malade, nommé Otolgrin, qui demeurait dans le village de Viture (*Vituriaco*), recouvra aussi miraculeusement la santé.

« Cet homme était tellement privé de l'usage

« de tous ses membres qu'il avait besoin d'un
« aide, soit pour rejeter la salive de la bouche,
« soit pour porter la main au visage. Sur sa de-
« mande, plusieurs de ses parents et amis le con-
« duisirent au sanctuaire de sainte Opportune
« et, en présence des fidèles accourus le diman-
« che pour assister à la sainte messe, ils le dé-
« posèrent à demi-mort dans l'église. Nous or-
« donnâmes des prières pour obtenir sa guéri-
« son ; la puissante médiation de la Bienheu-
« reuse ne se fit pas attendre, car peu de jours
« après Otolgrin entièrement rétabli vint pieu-
« sement payer son tribut de reconnaissance. »

Saint Adelin rapporte encore que, pendant son séjour à Almenêches, une femme possédée du démon obtint sa délivrance. Les détails extraordinaires de ce prodige font une espèce de drame, qui, avec les idées de notre siècle, paraîtrait à peine croyable ; mais le pieux historien déclare qu'il en fut lui-même témoin et l'on ne saurait élever le moindre doute sur sa véracité.

« Nous ne pouvons passer sous silence un
« troisième miracle que, par l'entremise de
« sainte Opportune, Jésus-Christ daigna opérer
« en notre présence.

« L'ennemi du genre humain s'était emparé

« d'une femme, nommée Osbirège ; à chaque
« instant du jour et de la nuit, il lui tordait et
« déchirait les membres de mille manières.
« Son époux, qui l'entourait des soins les plus
« tendres, la conduisait aux pèlerinages les
« plus renommés, afin d'obtenir par le suffra-
« ge des Saints la délivrance d'une si cruelle ob-
« session. Il y avait déjà longtemps que cette
« malheureuse gémissait sous le dur esclavage
« de Satan, endurait les tortures les plus ef-
« frayantes et les plus honteuses, lorsque son
« mari entendit parler de la haute réputation
« de sainte Opportune, qui par sa puissance
« chassait les démons et enchaînait leur pou-
« voir. Aussi s'empressa-t-il de venir, accom-
« pagné d'Osbirège, implorer humblement le
« secours de cette grande Sainte. Quand ils
« furent arrivés dans son sanctuaire, le dé-
« mon, sentant que Dieu voulait détruire tous
« ses maléfices par les mérites de son illustre
« servante, se mit à vociférer par la bouche de
« cette femme : « Malheur ! Malheur à Oppor-
« tune ! Malheur à moi-même ! Vieille Oppor-
« tune, qui n'a jamais cessé de me faire la
« guerre dans la Gaule et la Neustrie, souvent
« ta prière a déjoué tous mes artifices! Pen-
« dant ta vie, comme après ta mort, tu n'as

« fait que me dresser des embûches ! »

« Comme je pleurais et priais avec les autres
« assistants, le démon ne cessait de m'accabler
« d'injures : « Ne compte pas, ignorant néo-
« phite que tu es, me déposséder par ta vertu
« et tes efforts ; je ne te crains pas, mais je re-
« doute la puissance de mon ennemi Oppor-
« tune, et je sais que pour elle tu es un servi-
« teur inutile. »

« Tous les assistants, les prêtres, les clercs
« et le peuple, que cette lamentable scène
« avait réunis, redoublaient leurs prières :
« fondant en larmes ils ne cessaient de conju-
« rer le Seigneur de se laisser toucher, et de
« confondre dans sa puissance ces affreuses
« impostures du démon.

« On jeta sur cette femme l'eau bénite, on
« fit sur elle les signes de croix prescrits, puis
« on se mit à réciter les prières de l'exorcisme.
« Quand on fut arrivé à ces mots : « *Je t'adjure,*
« *démon, au nom de l'agneau qui marche sur l'as-*
« *pic et le basilic et foule aux pieds le lion et le dra-*
« *gon* », l'infortunée fut si cruellement tour-
« mentée par l'esprit immonde qu'avec ses on-
« gles et ses dents elle se déchirait elle-même
« les membres et criait d'une voix terrible :

« Sache-le bien, vieille Opportune, je vais sor-
« tir, mais je rentrerai bientôt. »

« Ayant dit ces paroles, elle s'assit tranquil-
« lement et éleva les yeux et les mains vers le
« ciel, puis s'approchant de l'autel elle fit vœu
« de rester toujours au service de la Bienheu-
« reuse et, après avoir reçu le pain de bénédic-
« tion, elle retourna chez ses hôtes.

« Au bout de quelques jours, voyant qu'elle
« avait pleinement recouvré la santé, son mari,
« rempli d'une joie toute mondaine, voulut la
« ramener chez lui; mais à peine se furent-ils
« mis en chemin, que le démon escorté de nom-
« breux satellites sous la forme de loups et de
« chiens se précipita sur cette pauvre femme :
« Sainte Opportune, ma maîtresse, criait-elle,
« délivrez votre servante ! » S'étant réfugiée
« sous l'autel (1) elle disait que des chiens et

---

(1) Cette expression *sous l'autel* (subtus altare), que saint Adelin emploie plusieurs fois, rappelle un ancien usage, qui se retrouve encore de nos jours en quelques endroits. Il y avait des espèces de cryptes ou enfoncements sous les autels ; ceux qui venaient implorer le secours du Saint, auquel l'autel était dédié, descendaient ordinairement dans cette crypte et c'est là surtout qu'ils aimaient à faire leurs dévotions.

« des loups l'avaient poursuivie jusqu'à la porte
« de l'église.

« Après avoir longtemps prié avec nous, elle
« s'en retourna sans accident et, pendant quinze
« jours, elle jouit d'une tranquillité complète,
« allant et venant, sans être inquiétée ni mal-
« traitée. Alors son mari, comme pour rache-
« ter le vœu de son épouse, offrit de l'argent
« aux clercs de l'église et demanda qu'on lui
« permît de vivre avec elle. Consulté sur ce
« point, je refusai de me prononcer, car je crai-
« gnais, en accédant à cette demande, de m'op-
« poser à la volonté de sainte Opportune et, en
« la rejetant, d'être regardé par certains es-
« prits grossiers comme voulant par spécula-
« tion désunir les ménages.

« Ayant donc voulu se conduire avec sa fem-
« me comme par le passé, cet homme recon-
« nut que le démon la tourmentait plus cruel-
« lement encore qu'auparavant : sous l'action
« du malin esprit, elle agitait les bras et les
« mains d'une manière effrayante, elle avait la
« langue comme arrachée du gosier et sortie
« démesurément de la bouche, elle ne pouvait
« souffrir sur son corps aucun vêtement et elle
« vomissait des blasphèmes inouis contre le
« Tout-Puissant. Son époux, ne pouvant plus à

« lui seul la porter à l'oratoire de la Vierge, les
« voisins, touchés de sa douleur et de l'extrême
« affliction de l'infortunée, la prirent eux-mê-
« mes dans leurs bras et la déposèrent à demi-
« morte devant l'église de notre dame Oppor-
« tune.

« Longtemps elle resta étendue par terre sans
« parole et sans respiration ; tous croyaient
« qu'elle avait rendu le dernier soupir, si
« bien que, les prières pour les énergumè-
« nes terminées, quelque-uns commencèrent
« aussitôt l'office des morts. Enfin après
« de longues heures, cette femme, que l'on
« croyait morte, (elle l'était en effet, car le
« péché n'est-il pas la mort de l'âme?) se mit
« à crier à haute voix dans l'église : « Oppor-
« tune, ma maîtresse, secourez votre servante,
« car désormais je vous servirai fidèlement
« jusqu'à mon dernier soupir. Ressuscitez-moi
« de la mort de l'âme et du corps ! »

« Comme son époux la consolait par d'affec-
« tueuses paroles et lui demandait ce qu'elle
« avait vu : «. Mon cher Helbert, lui dit-elle,
« c'était son nom, j'ai été dévorée par un loup
« énorme et furieux ; des hommes cruels ar-
« més de tridents enflammés me saisissaient
« par mes vêtements et voulaient me précipi-

« ter dans une fosse remplie de soufre. Mais,
« grâce à Dieu, j'ai été délivrée par le secours
« de sainte Opportune. Désormais ne me re-
« gardez plus comme votre épouse. » Pen-
« dant le reste de sa vie Osbirège servit le Sei-
« gneur en toute dévotion et pureté de l'âme
« et du corps. Longtemps après, beaucoup de
« personnes, qui avaient été comme nous té-
« moins de ces faits, se plaisaient à les publier
« en toutes circonstances. »

Le vénérable évêque de Séez aimait à évoquer dans ses discours les souvenirs les plus glorieux d'Opportune et à célébrer en chaire les vertus de cette illustre vierge, la gloire de la Normandie, la joie d'Almenêches et l'honneur de la contrée. Ces prédications, en développant de plus en plus le culte de la Sainte, faisaient sentir plus vivement la privation de ses reliques et soupirer avec plus d'ardeur après leur retour.

Dans les desseins de la divine Providence, Adelin ne devait pas jouir de cette consolation. Peut-être les habitants d'Almenêches, si le saint corps leur avait été rendu, se seraient-ils montrés avares de leur trésor et bien des lieux auraient été privés de la présence de ces restes vénérés; Opportune, comme nous le verrons, devait exercer un apostolat d'outre-tombe, et ses merveilleuses pérégrinations étaient loin d'être terminées.

CHAPITRE IV.

Miracles opérés à Moussy-le-Neuf. — Châtiment de l'impie Anastase. — Des bœufs volés sont miraculeusement retrouvés. — Les reliques de la Bienheureuse sont portées à Senlis. — Un pèlerinage s'établit dans cette ville. — Mort affreuse d'Alimar. — Ravages des soldats de Bozon à Moussy. — Erchentée est miraculeusement protégé. — Un chef de pillards converti. — Fondation du prieuré de Moussy-le-Neuf.

Notre dame Opportune, pendant que saint Adelin écrivait sa vie à Almenêches, continuait de manifester sa puissance à Moussy, et, selon la remarque que nous en avons déjà faite, autant elle se montrait généreuse envers ceux qui l'honoraient, autant elle faisait sentir qu'on ne lui manquait jamais en vain.

« Écoutez, s'il vous plaît, dit son pieux his-
« torien, comment elle punit des sentiments de
« haine manifestés contre son sanctuaire. Dans
« ce monde les méchants se trouvent mêlés
« avec les gens de bien et toujours ils s'en mon-
« trent jaloux.

« Un certain Anastase, mécontent de voir
« que le culte de sainte Opportune faisait cha-

« que jour de nouveaux progrès à Moussy et
« qu'on y avait bâti une église en l'honneur de
« la Bienheureuse, conçut je ne sais quelle ja-
« lousie diabolique et se mit à persécuter les
« personnes consacrées à son service.

« Comme les religieux le suppliaient, par
« amour pour sainte Opportune, de renoncer à
« ses projets audacieux et téméraires : « Je le
« jure, leur répondit-il, et souvenez-vous-en
« bien, vous tous qui demeurez dans ce do-
« maine ; avant de mourir, je veux dans l'en-
« droit même où s'élève cette église, semer
« des fèves et récolter d'abondants légumes. »

« Un tel blasphème ne tarda pas à recevoir
« son châtiment. Au sortir de la maison où il
« venait de le proférer, Anastase rencontrant
« un jeune homme, nommé Helbode, se mit à
« le provoquer.

« Helbode était sans armes; pour toute arme
« il avait à la main une sorte de fourche en guise
« de bâton. Anastase au contraire était bien
« armé, et il allait tuer son adversaire, quand
« tout-à-coup il se sent blessé mortellement.
« Le soir avant d'expirer, il disait à tous ceux
« qui l'entouraient, que la juste vengeance de
« sainte Opportune était seule cause de sa mort
« et qu'elle-même l'avait frappé. Après avoir

« confessé sa faute, il témoigna les plus vifs re-
« grets d'avoir pendant sa vie méprisé cette
« vierge chérie de Dieu et maltraité ses servi-
« teurs. »

« Nous devons aussi raconter les miracles qui
« ont eu des objets de moindre importance,
« afin de louer la puissance divine, qui éclate
« jusque dans les plus petites choses.

« Un voleur avait dérobé les bœufs d'un ha-
« bitant de la campagne. Celui-ci, après les
« avoir cherchés longtemps, mais en vain, porte
« dans l'église de sainte Opportune les jougs et
« et les courroies, qui servaient à ces animaux,
« et il fait vœu à la Sainte, s'il les retrouve,
« de lui en donner la moitié.

« Comme il sortait de l'église, il voit tous ses
« bœufs accourir au-devant de lui, portant en-
« core les liens qui les tenaient attachés et qu'ils
« avaient brisés. Ayant donné ce qu'il avait
« promis, il s'en retourna chez lui, plein de joie
« et au comble de ses vœux.

« On dit même encore que, si l'on vouait à l'é-
« glise sainte Opportune quelque animal, très-
« souvent il y venait de lui-même et sans con-
« ducteur. Mainte et mainte fois, ceux qui
« avaient fait de pareils vœux, dans le but de
« retrouver les chevaux, les bœufs ou les vête-

« ments qu'ils avaient perdus, voyaient leurs « espérances se réaliser ; aussi les fidèles apportaient-ils à ce sanctuaire de généreuses « offrandes. »

Les habitants de Moussy, on le comprend facilement, n'avaient qu'une crainte, celle de se voir ravir leur précieux dépôt ; aussi veillaient-ils avec le soin le plus religieux à sa conservation. Au moindre péril, ils le mettaient en lieu sûr, et, le danger passé, son retour ranimait dans tous les cœurs la joie et l'allégresse.

Ainsi, lorsque Bozon, roi de Bourgogne, vint ravager les environs de Paris, vers l'an 879, les saintes reliques furent portées de Moussy au château-fort de Senlis, où elles n'avaient rien à redouter ; mais, aussitôt que la paix fut rétablie, elles furent réclamées et rendues à Moussy.

Cependant à Senlis leur présence avait été marquée par tant de prodiges que la ville érigea à la gloire d'Opportune une somptueuse basilique, et en rendant le saint dépôt qui lui avait été confié, elle sollicita la faveur d'en conserver au moins une légère portion, ce qui lui fut accordé. Le nouveau sanctuaire, enrichi de ce trésor, devint à son tour un lieu de pèlerinage, où se rendaient d'innombrables fidèles.

Un prêtre, nommé Alimar, qui avait blâmé ce pieux concours, et qui s'efforçait d'y mettre obstacle, fut puni d'une manière terrible.

« Au temps du glorieux comte Ubolde, dit
« saint Adelin, d'innombrables malades étaient
« guéris par les mérites de sainte Opportune,
« dans la ville de Senlis ; aussi les habitants té-
« moignaient-ils une grande vénération pour
« le lieu où reposaient ses reliques bénies.

« Poussé par une basse jalousie, qui lui ren-
« dait odieuses toutes ces marques de dévo-
« tion, Alimar dit aux personnes qui venaient
« en pèlerinage : « Soyez-en sûres, il n'y a ici
« aucun corps saint de vierge, et tout ce que
« vous y honorez n'est que le fait d'une ridicule
« jonglerie.

« A ces mots Robert (1), homme rempli de

(1) D'après Dom Piolin (*Histoire de l'église du Mans*), pendant que saint Adelin était évêque de Séez, Robert occupait le siége épiscopal du Mans. A Senlis au contraire, il n'y a point eu d'évêque du nom de Robert avant l'année 997. Comme Adelin dit seulement que Robert était évêque de son temps, sans désigner son siége (*nunc factus episcopus Robertus*), ne pourrait-on pas dire qu'il est ici question de son collègue du Mans, son voisin, avec lequel il entretenait d'amicales relations et qui lui avait sans doute raconté lui-même les détails de ce miracle ? Cette explication nous paraît plus simple et plus naturelle que de supposer, soit

« l'esprit de Dieu, et qui maintenant est l'un de
« nos collègues dans l'épiscopat, répondit :
« Ah! malheureux, comment êtes-vous assez
« téméraire pour parler de la sorte ? N'en dou-
« tez pas, Dieu vous montrera bientôt que le
« corps de sainte Opportune, si chère au Sei-
« gneur, est avec raison honoré en ce lieu. »

« Le jour même, selon la parole du seigneur
« Robert, la vengeance divine éclata. Ce blas-
« phémateur, voulant monter dans une cham-
« bre haute, se brisa la tête et mourut presque
« aussitôt. Porté devant l'autel de la sainte et
« près de rendre le dernier soupir, il avoua de-
« vant tout le monde que son blasphème était
« la cause de sa mort et que Dieu avait voulu
« manifester la puissance de sainte Oppor-
« tune. »

Les archives de l'évêché de Senlis ayant disparu à la révolution, nous n'avons pu nous procurer aucun autre détail sur le culte de la Bienheureuse en cette ville.

---

avec les Bollandistes que le récit de ce miracle serait l'ouvrage d'un écrivain postérieur à saint Adelin, soit avec Mabillon que le copiste aurait écrit par erreur Robert au lieu
de Autbert, qui figure comme évêque de Senlis, dans le
concile de Troyes, tenu en 877.

Ce n'était pas sans motif que les habitants de Moussy avaient mis en lieu sûr le saint corps d'Opportune, à l'approche de l'armée de Bozon. Ils furent assaillis par une bande de soldats, qui voulaient tout livrer au pillage. Mais la sainte Abbesse veillait sur ses serviteurs et sur son domaine ; elle sut les protéger contre l'ennemi.

Lorsque saint Adelin raconte comment les choses se passèrent, il ne peut contenir les sentiments d'amour et de reconnaissance dont son cœur est inondé et il les laisse déborder de toutes parts.

« Parmi les miracles de sainte Opportune
« nous aimons surtout à raconter ceux qui mon-
« trent comment cette aimable maîtresse pro-
« tége ici-bas ses fidèles serviteurs, afin d'en-
« courager à réclamer avec confiance ses inef-
« fables bienfaits. Du haut des cieux, où elle
« règne avec Jésus-Christ, elle est loin d'ou-
« blier les siens sur la terre ; elle les aide à mé-
« riter le bonheur de partager un jour sa joie
« dans la céleste patrie, et, par la grâce du Tout-
« Puissant, ceux qui écoutent religieusement
« le récit de ses miracles, les croient ferme-
« ment, les font écrire ou même en conservent

« chez eux la relation fidèle (1), sont à l'abri
« des dangers et des embûches de tous leurs
« ennemis visibles et invisibles.

« Lorsque l'armée de Bozon, roi de Bourgogne,
« portait dans les environs de Paris le ravage
« et la dévastation, quelques-uns de ses soldats
« fondirent sur le domaine de Moussy et allè-
« rent chez un des serviteurs de sainte Oppor-
« tune, nommé Erchentée, qui a vécu long-
« temps après cet évènement.

« A peine arrivé à la porte de sa maison, le
« chef de ces avides pillards demande à Er-
« chentée quelle est sa profession. — Je suis,
« répondit-il, le serviteur de sainte Opportune.
« Aussitôt l'ordre est donné de faire de minu-
« tieuses perquisitions, et de s'emparer de tout
« ce qu'on pourrait trouver. — De grâce, Mon-
« seigneur, repart Erchentée, épargnez les
« biens de sainte Opportune ! Un terrible coup
« d'une lance, que le brigand tenait à la main,
« fut toute la réponse qu'il reçut.

« Voyant le sang ruisseler de sa tête, Erchen-
« tée implore le secours de son auguste maî-

(1) On sait qu'au temps de saint Adelin, l'imprimerie n'était point inventée et la calligraphie était peu connue. Les livres ou plutôt les manuscrits étaient excessivement rares ; il était très-difficile de s'en procurer.

« tresse : « Sainte Opportune, s'écria-t-il, si
« vous ne venez à mon secours, c'en est fait de
« votre serviteur ! A l'instant même le bandit
« devenu aveugle tombe de sa monture et roule
« par terre. Ses soldats s'empressent autour de
« lui ; mais tous leurs soins restent impuis-
« sants et ils ne trouvent pas d'autre expédient
« que de le porter dans l'église de sainte Op-
« portune.

« Il y confessa humblement la faute qu'il
« avait commise, et pour la réparer, autant
« qu'il le pouvait, il donna son cheval avec
« deux livres de deniers aux clercs de l'église
« et dix sols d'or à Erchentée, qui nous a lui-
« même communiqué ces détails.

« Longtemps, il pria prosterné sous l'autel,
« et pendant qu'on célébrait pour lui les saints
« mystères, il recouvra la vue ; mais les for-
« ces ne lui revinrent point qu'il n'eût promis
« de protéger les domaines de la Bienheureuse
« contre tous ses compagnons d'armes et de dé-
« livrer les villages voisins de leurs dépréda-
« tions.

« A peine eut-il donné ces garanties, qu'il
« sentit la vigueur circuler dans tous ses mem-
« bres ; plein de joie et de santé, il alla aussi-
« tôt rejoindre les siens. Ainsi de pillard et de

« spoliateur des biens de sainte Opportune, il
« en devint un zélé défenseur. »

Le concile d'Epaone (*Concilium Epaonense*) défend dans son vingt-cinquième canon « de « mettre des reliques dans les oratoires de la « campagne, s'il n'y a des clercs dans le voisi- « nage pour y venir célébrer l'office et rendre « honneur à ces cendres précieuses par le chant « des psaumes. » Pour se conformer à ces prescriptions, qui étaient alors en vigueur, des clers séculiers avaient à Moussy-le-Neuf la garde de la châsse de sainte Opportune

Outre le saint office, qu'ils faisaient réguliement, ils étaient chargés de veiller à la sûreté des reliques et à la décoration de l'église, de recueillir les offrandes des pèlerins et de satisfaire à la dévotion des fidèles.

Les choses restèrent en cet état jusqu'en l'année 1090. Vers ce temps-là, Albert le soldat (1) fonda à Moussy, en l'honneur de sainte Opportune un prieuré qu'il donna, avec toutes ses dépendances, à l'abbaye de Cluny, dont Hugues, son fils, était alors abbé.

De son côté, Hugues, d'accord avec le dona-

---

(1) *Albertus miles*. Quelques-uns traduisent : Albert le chevalier.

teur, remit cette fondation entre les mains des Bénédictins de Saint-Martin-des-Champs, près de Paris, qui relevaient de Cluny et n'étaient pas très-éloignés de Moussy-le-Neuf.

Cent trente ans plus tard, Guérin évêque de Senlis, touché de l'éminente piété de ces religieux, leur permit de prendre dans ses carrières toutes les pierres nécessaires pour bâtir dans leur prieuré une église plus considérable sous le vocable de sainte Opportune.

Telle fut l'origine de ce beau monument qui subsiste encore de nos jours, mais qui, vendu avec tous les biens du prieuré, par une profanation déplorable, est transformé en grange depuis les tristes jours de la grande Révolution.

CHAPITRE V.

A quelle époque la châsse de sainte Opportune fût rapportée de Moussy à Almenêches. — Diffusion des reliques de la Bienheureuse. — Des cloches mises d'elles-mêmes en branle font retrouver son chef auguste. — Aspect d'Almenêches à la fin du XIe siècle. — Restauration du monastère de sainte Opportune. — Incendie de l'Abbaye. — Henri I, roi d'Angleterre, est vaincu en bataille rangée par Foulques, comte d'Anjou. — Geoffroy Grisegonelle emporte à Vendôme la châsse de sainte Opportune.

Moussy-le-Neuf n'avait point la propriété des reliques de sainte Opportune ; il en était seulement le dépositaire. Les habitants d'Almenêches ne l'oubliaient pas ; en toute circonstance, ils avaient soin de rappeler leurs droits et, dès que la sécurité parut assurée, ils s'empressèrent de les réclamer. Mais à quelle époque la châsse si regrettée leur fut-elle rendue ? A cet égard nous en sommes réduits à de simples conjectures.

Il est certain qu'au temps où saint Adelin écrivait les miracles de sainte Opportune, les reliques de la Bienheureuse étaient encore à

Moussy ; il le dit positivement dans la préface de son livre : « Je raconterai en second lieu les « prodiges qui se sont opérés à l'endroit où re- « pose *maintenant* son corps vénéré et qu'on « appelle vulgairement *Moussy*. » (1).

D'un autre côté, il est également incontestable que, au commencement du douzième siècle, Almenêches possédait la châsse de sainte Opportune. En effet, comme nous le verrons plus tard, Geoffroy Grisegonelle, l'enleva du monastère d'Almenêches, en l'an 1118, pour la transporter à Vendôme. C'est donc dans cet intervalle d'environ deux cents ans qu'Almenêches recouvra son trésor inestimable. En quelle année ? nous n'en savons rien. Cependant nous sommes portés à croire que cette translation n'eut lieu qu'après la restauration du monasrère d'Almenêches, faite par Roger de Montgommery, vers l'an 1060, et peut-être même après le commencement du xiie siècle ; car le monastère d'Almenêches et son église furent

---

(1) « Quæ (miracula) in eodem loco ubi nunc sanctum « corpus quiescit et veneratur qui vulgo dicitur *Montiacum* « operata est narrare disponimus. » *Montiacum* (Moussy) et non pas *Monasteriolum* (petit monastère ou Almenêches) comme le veut Nicolas Gosset, dont nous avons signalé l'erreur dans la Préface page ix.

complètement détruits par un incendie, en l'année 1102 ; et, si les reliques y avaient été déposées, elles auraient sans doute péri comme tout le reste. Quoiqu'il en soit de l'époque précise où la châsse fut rendue à Almenêches, le dépôt était loin d'être intact.

Sans parler des reliques portées à Paris par Hildebrand II et de celles qui avaient été laissées dans la ville de Senlis, l'os de la mâchoire inférieure avait été donné au château de l'Isle-Adam (Seine-et-Oise), qui avait le bonheur de posséder le corps du saint martyr Godegrand ; et de son côté l'abbaye de Cluny, qui avait cédé le prieuré de Moussy aux bénédictins de Saint-Martin-des-Champs, avait emporté le bras droit tout entier.

Dès cette époque, les disciples de saint Benoît comptaient en France de nombreux et florissants monastères. Ils ne regardaient point Opportune comme une étrangère, mais comme une sœur, et ses reliques étaient en quelque sorte à leurs yeux un trésor de famille, qu'ils pouvaient sans difficulté partager entr'eux.

C'est ainsi que le monastère de Saint-Leu-d'Esserens (Seine-et-Oise), obtint cette insigne relique qui, chaque année, au temps de Nicolas Gosset, était portée processionnellement, au

22 avril, par des jeunes filles vêtues de blanc. Le prieuré de Clairefontaine, près de Rambouillet, reçut un ossement considérable, qui naguères a été rendu au diocèse de Séez et distribué dans un grand nombre d'églises et de chapelles. A leur tour les abbayes de Montierneuf, à Poitiers, et de Saint-Lomer-de-Blois, le prieuré de sainte Opportune en Retz et beaucoup d'autres s'enrichirent de fragments précieux qui devinrent partout une source féconde de grâces. (1)

Enfin quand le moment fut venu de rendre leur dépôt, les religieux de Moussy, à titre de possesseurs, prenant pour eux la part du lion, se réservèrent notamment le chef de saint Opportune, c'est-à-dire les os de la face et la partie antérieure du crâne.

Au rapport de Nicolas Gosset, durant les guerres de religion, qui désolèrent si longtemps notre patrie, le chef auguste de la sainte Abbesse, conservé dans cette église au milieu de l'or et des diamants, disparut.

(1) L'église du Mont-Saint-Michel possède aussi depuis longtemps des reliques de sainte Opportune. D'après M. Dubosc, le savant archiviste de la Manche, si compétent en pareille matière, cette place fortifiée les a reçues en dépôt, avec beaucoup d'autres, dans les mauvais jours, et jamais elles ne lui ont été réclamées.

Impossible de décrire la douleur des religieux et de tous les habitants de Moussy; c'était un deuil public, une consternation générale. Pendant que chacun se lamente et cherche inutilement, les cloches de l'église se mettent d'elles-mêmes en branle. Surpris de cette merveille, on monte vite au clocher ; on regarde, on examine de tous côtés : tout-à-coup les cloches cessent de sonner ; on venait d'apercevoir l'ossement précieux ; il était parfaitement intact. Le voleur sacrilége, qui l'avait dérobé, s'était contenté d'enlever les métaux de grand prix dans lesquels il était enchâssé.

A la suite de ce prodige, ajoute Nicolas Gosset, la population redoubla de vénération pour cette insigne relique qui a continué à attirer auprès d'elle une quantité innombrable de pèlerins.

Lorsque la châsse de la Bienheureuse fut rendue à Almenêches, il s'en fallait bien, comme on l'a vu, que le corps d'Opportune fût entier ; mais en revanche elle renfermait une partie considérable des reliques de son frère Godegrand venues sans doute du château de l'Isle-Adam.

Depuis qu'Opportune avait quitté Almenêches, les invasions des Normands et surtout les guerres presque continuelles des seigneurs y avaient causé bien des bouleversements : le monastère de Lanthilde avait été complètement détruit ; l'abbaye où Opportune s'était sanctifiée était presque tombée en ruines et même son tombeau, ainsi que celui de son frère n'avaient pas toujours été respectés.

Tel est le triste aspect qu'Almenêches présentait depuis plus d'un siècle au temps de Guillaume-le-Conquérant. Les victoires de ce prince parurent ouvrir une ère de paix et de prospérité pour la Normandie (1066). Les seigneurs, qui l'avaient secondé dans la conquête de l'Angleterre, revenus pour la plupart comblés d'honneurs et de richesses, faisaient de leurs biens un saint usage. L'un deux, Roger, vicomte d'Exmes, qui pendant la guerre avait obtenu en Angleterre des propriétés immenses et un comté considérable, auquel il donna son titre de Montgommery, voulant rendre à Dieu une partie de la fortune qu'il en avait reçue, entreprit de relever les abbayes de Troarn, de Saint-Martin-de-Séez et d'Almenêches.

Des considérations personnelles l'intéressaient particulièrement à ce dernier monastère, car il se proposait d'en confier le gouvernement à Emma sa fille et, s'il faut en croire

Lachesnais-des-Bois, lui-même était proche parent de sainte Opportune.

Nous lisons dans les œuvres de Robert, abbé du Mont-Saint-Michel, qui écrivait vers l'an 1220 : « le comte Roger fit ou plutôt rétablit un « monastère de femmes à Almenêches dans « l'endroit où sainte Opportune avait été autre- « fois abbesse. » (1)

Cette restauration (*restauravit*), due à Roger de Montgommery, sans exclure la réédification de quelques bâtiments, semble devoir surtout s'entendre de donations et de fondations faites en faveur de l'abbaye. Le monastère subsistait en effet avant l'intervention de Roger, puisque dans une charte de Saint-Martin-de-Séez antérieure à cette époque on voit figurer une abbesse d'Almenêches nommée Adélasie ; seulement, comme il relevait avec ses environs de l'abbaye de Fécamp, Roger le rendit indépendant et l'enrichit de revenus considérables, tant en Normandie qu'en Angleterre. Emma, sa fille aînée, qui, au témoignage de Guillaume de Jumiéges, était admirable de piété, de douceur et de charité pour les pauvres, élevée à la

(1) « Fecit imo restauravit comes Rogerius monasterium « feminarum apud Almanachias ubi olim sancta Opportuna « fuerat Abbatissa. »

dignité d'abbesse y rétablit la règle de saint Benoît et s'efforça de marcher sur les traces de sainte Opportune, son illustre ancêtre.

Les dernières années de sa vie furent abreuvées de bien des amertumes. Des guerres sanglantes ayant éclaté entre les membres de sa famille, elle eut la douleur, au mois de juin 1102, de voir son abbaye complètement brûlée et dépouillée d'une partie de ses biens. Elle fut même réduite, avec trois de ses religieuses, à demander asile aux moines de saint Evroult, qui avaient été comblés de bienfaits par Mabille sa belle-mère.

Touchés de ses infortunes, les religieux la reçurent avec les plus grands égards et lui donnèrent des appartements à un quart de lieue de leur abbaye dans l'endroit même où saint Evroult s'était d'abord retiré. Après avoir profité durant six mois de cette charitable hospitalité, Emma se mit en devoir de relever les ruines de son monastère et elle avait terminé depuis peu de temps ces travaux, lorsque Dieu l'appela à lui, en l'année 1113.

Ce fut, comme nous l'avons expliqué précédemment, sous l'administration d'Emma que les reliques de sainte Opportune furent rapportées à Almenêches. Auparavant le monastère était dans un état trop précaire et la paix trop peu assurée pour qu'on osât demander plus tôt cette translation. Mais alors le puissant comte de Montgommery, jaloux de rendre au monastère de sa fille son antique splendeur ne recula devant aucune démarche et employa toute son influence pour hâter un retour si vivement désiré.

La joie des habitants d'Almenêches fut de courte durée ; Opportune ne fit pour ainsi dire que visiter en passant son ancien monastère, et partit presque aussitôt pour d'autres contrés lointaines.

Emma était morte le 4 mars 1113 ; Mathilde, sa nièce, fille de Philippe le grammairien, lui succéda. De terribles épreuves lui étaient aussi réservées. Depuis cinq ans à peine, elle dirigeait sa communauté dans la pratique des vertus monastiques, quand s'alluma une nouvelle guerre, qui eut pour Almenêches les effets les plus désastreux.

Henri I, roi d'Angleterre, vainqueur de Robert de Bellême à la bataille de Tinchebray, en 1106, devint maître de toute la Normandie. Il donna la ville d'Alençon à Thibault, comte de Blois, qui, du consentement du roi, la remit à son frère Etienne, comte de Mortain. Celui-ci gouverna avec tant de dureté que les habitants d'Alençon, pour échapper à un joug qu'ils trouvaient insupportable, demandèrent en secret secours et protection à Foulques, comte d'Anjou.

Foulques leva une armée de dix mille hommes et vint assiéger la citadelle d'Alençon.

A cette nouvelle le roi Henri, qui se trouvait alors dans la ville de Séez, convoque ses vassaux et leurs hommes de guerre et se dirige vers Alençon à la tête de soixante mille combattants. De son côté le comte d'Anjou, malgré l'infériorité du nombre, marche à sa rencontre et va camper dans un parc situé entre Séez et Alençon. « Il eût été infailliblement vaincu, di-« sent les chroniqueurs, si Dieu qui résiste aux « superbes ne fût venu en aide à celui qui met-« tait en lui sa confiance. »

La bataille s'engage. A l'approche des nombreuses phalanges ennemies, qui se préparent à le cerner, le comte harangue les siens.

Auprès de lui sont Geoffroy Grisegonelle comte de Vendôme, et la plupart des seigneurs de l'Anjou avec l'élite de leurs troupes. « Que chacun fasse vaillàmmant son devoir ; lui-même marchera à leur tête et le Dieu des armées, qui soutient les causes justes, sera avec eux. »

L'enthousiasme est à son comble : tous, archers, cavaliers, fantassins s'élancent au combat avec intrépidité, et ils dirigent si bien leurs coups que, « pour préserver leurs visages, « les ennemis présentèrent le dos à ceux qui « les frappaient. » (1) Malgré les efforts du roi pour les retenir, tous prennent la fuite ; Henri se retire le dernier et regagne la ville de Séez.

Foulques et ses gens d'armes, après leur victoire, rentrèrent dans le parc où ils avaient campé et passèrent paisiblement la nuit sous leurs tentes. Le lendemain matin à 3 heures, le comte se leva et enjoignit aux moines qui l'accompagnaient : « de disposer toutes choses pour « célébrer avec révérence la sainte messe, en « l'honneur de la bienheurerse Vierge Marie « parceque c'était le samedi, jour consacré à « la Mère de Dieu. »

Cette relation fixe le combat au vendredi ; les historiens de l'époque ont d'ailleurs noté « qu'il eut lieu au mois de décembre pendant « les abstinences de l'avent. »

Après avoir rendu grâces au Seigneur, et imploré le secours de la Reine du ciel, les vain-

---

(1) Hostes ut facies tuerentur dorsa præbuerunt percutientibus.

queurs se mirent à poursuivre les soldats de Henri qui s'étaient dispersés au delà de Séez, du côté d'Almenêches.

« Dans cette poursuite, dit le chanoine du « Bellay (1), le comte de Vendôme entra dans « l'abbaye d'Almenêches. Là pour empêcher « que les soldats, qui, à cause de la victoire, « en paraissaient plus insolents, ne commissent « quelques irrévérences contre les choses sain-« tes, le comte se saisit de la châsse où étaient « les corps de saint Godegrand et de sainte Op-« portune et les fit apporter en cette église « de Saint-Georges. »

M. Duchemin de la Chesnaye, dans ses *mémoires inédits*, conservés à la bibliothèque de Vendôme rapporte ce fait à peu près de la même manière : (2) « Dans la bataille entre Foul-« ques et Henri I, celui-ci, malgré la supério-« rité de ses troupes, fut tellement mis en « déroute qu'il se vit obligé de se retirer cinq

---

(1) Calendrier historique et chronologique de l'église collégiale de Saint-Georges-de-Vendôme, manuscrit de 1665 conservé à la bibliothèque de Blois.

(2) M. Duchemin de la Chesnaye a composé ses *Mémoires* immédiatement après la révolution ; il résume les écrits antérieurs et, sur plusieurs point, on lui reconnait l'autorité d'un témoin oculaire.

« lieues plus loin dans l'abbaye d'Almenêches.
« Geoffroy, craignant quelques excès de la part
« de la soldatesque envers les reliques, empor-
« ta de cette abbaye le corps de saint *Godrain*
« (Godegrand), évêque de Séez, et celui de
« sainte Opportune, sa sœur, et les vint déposer
« dans la collégiale de Vendôme. »

De son côté, l'abbé Simon (*Histoire de Vendôme et de ses environs*) n'est pas moins explicite : « Geoffroy Grisegonelle entra dans l'ab-
« baye d'Almenêches et pour empêcher les
« soldats de profaner les reliques du monas-
« tère, il s'empara de la châsse où étaient les
« corps de saint Godegrand, évêque de Séez, et
« de sainte Opportune sa sœur. Il les fit appor-
« ter dans son église collégiale de Vendôme où
« les reliques sont encore aujourd'hui exposées
« à la vénération des fidèles dans une très-belle
« châsse d'argent. »

Le *tableau historique du Vendomois* fixe à l'année 1118 la bataille qui se livra entre Henri I et Foulques comte d'Anjou. Cette date concorde du reste avec le récit d'Orderic Vital et les *Actes des comtes d'Anjou* tels qu'on les trouve dans les *Histoire des Gaules* de Dom Bouquet (1).

(1) Tome XII p. 501, 502. In-folio.

CHAPITRE VI.

Etat des reliques contenues dans la châsse de sainte Opportune. — Honneurs extraordinaires rendus à la Bienheureuse dans la ville de Vendôme. — Etendue de son culte au douzième siècle. — Sainte Opportune patronne de l'Université de Poitiers. — Une église érigée à Poitiers sous son vocable, devient paroissiale. — Description d'un magnifique reliquaire.

L'église collégiale de Saint-Georges, où les reliques de sainte Opportune fûrent déposées, se trouvait dans l'enceinte du château des célèbres comtes de Vendôme (1). La Bienheureuse y fut accueillie avec une sainte allégresse et reçut les plus respectueux honneurs. La chapelle latérale de la nef, où la châsse précieuse fut placée prit le nom de Chapelle-Sainte-Opportune, et, dans ce nouveau sanctuaire, de nombreux prodiges manifestèrent encore la puissance dont elle jouit auprès du Seigneur.

Dans ce temps de foi et de ferveur, les églises

---

(1) Les comtes de Vendôme devinrent ducs en 1523. C'est d'eux qu'est issu Antoine de Bourbon, père de Henri de Bourbon, qui, on le sait, fut roi de France en 1589 sous le nom de Henri IV.

et les monastères recherchaient les reliques avec une sainte avidité. Ce fut probablement pour satisfaire à quelqu'un de ces pieux désirs qu'en 1288, le mardi après l'Annonciation, le 3 des Calendes d'avril, on fit l'ouverture de la châsse de sainte Opportune.

On y trouva, enveloppés dans un linge portant le nom de saint Godegrand, plusieurs ossements entiers de bras, de cuisses et de jambes, et dans un autre linge, au nom de sainte Opportune, les os du bras gauche et du crâne, les omoplates, les clavicules, les vertèbres, plusieurs côtes et un grand nombre de petits ossements. Il y avait aussi un paquet d'étoffe de soie ; il contenait le cilice, la ceinture et quelques morceaux d'habits de la sainte et de son auguste frère.

Après que l'on eut constaté dans un procès-verbal sur parchemin l'état de ces restes vénérés, les ossements du crâne furent mis à part dans un coffre précieux et les autres reliques furent déposées dans une châsse d'argent massif. Elle était si pesante que cette expression devint dans le pays un proverbe conservé jusqu'à nos jours « *lourd comme la châsse de sainte Opportune.* »

Pendant les guerres que la France eut à soutenir contre l'Angleterre dans les xive et xve siècles, chacun mettait en sûreté dans les places fortifiées ce qu'il avait de plus précieux. Le château de Vendôme passant pour être imprenable, on y apporta une si grande quantité de reliques que, d'après les chroniqueurs, il n'entrait pas moins de 16 marcs d'or et de 129 marcs d'argent dans les reliquaires qui les contenaient.

On dit même que la vue de tant de richesses éveilla la cupidité de Jeanne d'Albret (1) et que tous les métaux de valeur qui enchâssaient les reliques, furent enlevés par ses ordres.

Quoiqu'il en soit de ce fait scandaleux, la châsse de sainte Opportune non seulement échappa à la profanation, mais fut l'objet d'une vénération spéciale. Survenait-il une épidémie à Vendôme ou aux environs, il suffisait de porter processionnellement la châsse dans la ville, aussitôt le fléau était conjuré. Si la sécheresse devenait excessive et nuisible aux moissons, on sortait la châsse et le plus souvent la pluie tombait avant qu'elle ne fût rentrée.

Les magnifiques vitraux de l'église collégia-

---

(1) Jeanne d'Albret, épouse de Antoine de Bourbon duc de Vendôme et mère de Henri IV, était protestante.

le de Saint-Georges, qui furent brisés en 1792, représentaient les principales scènes de la vie de sainte Opportune. Dans l'une des verrières on voyait la Bienheureuse ayant près d'elle un beau bouquet de roses et de lys. Voici l'explication que donnait de ce tableau la chronique populaire accréditée dans le Vendomois. « Op-
« portune demeurait au château de Vendôme ;
« elle portait souvent des vivres à un pieux er-
« mite des environs nommé saint Bienheuré.
« Un jour le châtelain la rencontrant voulut voir
« ce qu'elle emportait ; elle ouvrit son tablier,
« il ne s'y trouvait que des lys et des roses, et
« le châtelain de s'écrier : « Continuez votre
« chemin, Opportune, vous êtes plus grande
« que moi ! »

Cette légende erronée, tout en montrant combien l'histoire de sainte Opportune est peu connue et comment on dénature les faits, rappelle cependant en substance un miracle que nous avons relaté précédemment. Qui ne se souvient en effet en lisant ces lignes des aumônes d'Opportune dans son monastère d'Almenêches et de cette corbeille remplie de provisions destinées aux pauvres, que des yeux indiscrets découvrirent et trouvèrent, dans la saison rigoureuse, pleine de roses d'une admirable fraicheur. En 1547, la collégiale de Saint-Georges fit fondre deux cloches ; la plus grosse, qui pesait 7000 livres, fut nommée : *Opportune*. Son inscription portait que « venant à temps « opportun frapper les airs elle mettait en fuite « les tempêtes. » En un mot la Bienheureuse reçut à Vendôme toute espèce d'honneurs et fut regardée comme la patronne de la ville ; c'est d'ailleurs le titre que plusieurs auteurs sérieux lui donnent dans leurs ouvrages.

Du reste, avant que sa châsse ne fût transportée d'Almenêches dans l'église collégiale de Saint-Georges, Opportune était connue à Vendôme. Depuis longtemps en effet dans le voisinage, à Froidmantel, une église avait été érigée sous son vocable. Paschal II, dans la Bulle qu'il adressa en l'année 1107 à l'abbaye de Saint-Laumer-de-Blois, en fait mention: *Ecclesia sanctæ Opportunæ Frutmentelli*. (1) Cette circonstance

---

(1) La Bulle d'Innocent IV donnée en 1245 aux religieux de Saint-Laumer porte : *Ecclesiam sanctæ Opportunæ cum capella Futmantelli*. Cette église de Sainte-Opportune a été détruite ; une petite chapelle qui lui avait été substituée sert maintenant à des usages profanes. Elle se trouve à six lieues de Vendôme au N. E. sur la limite actuelle du diocèse de Chartres, non loin de la station de Cloye.

explique comment Geoffroy Grisegonelle, que l'histoire contemporaine nous présente comme animé de sentiments de piété et de foi, se trouvant à Almenêches, attachait tant d'importance à sauver et même à posséder, s'il était possible, les reliques de cette illustre vierge, dont il avait souvent entendu proclamer les vertus et la puissance.

D'ailleurs, à cette époque, le nom d'Opportune et le bruit de ses miracles avait retenti dans presque toute la France. Aussi pendant que saint Osmond, comte de Séez, devenu évêque de Salisbury après la conquête de la grande-Bretagne, inscrivait son nom dans les litanies des saints et implantait son culte dans l'Angleterre, la France sa patrie lui érigeait de nombreux autels et bâtissait des églises en son honneur. Dans le diocèse d'Evreux en particulier, cinq paroisses : Boussey, Sainte-Opportune-la-Campagne, Saint-Opportune-du-Bosc, Sainte-Opportune près Rugles et Sainte-Opportune près Vieux-Port, l'avaient choisie pour leur patronne. Un grand nombre de diocèses avaient admis son nom dans les litanies des saints et célébraient son office le jour anniversaire de sa mort, 22 avril (1). Parmi les nombreux sanctuaires qui lui furent consacrés, les églises de Sainte-Opportune de Poitiers, Sainte-Opportune-en-Retz et Sainte-Opportune-de-Lessay, paraissent offrir le plus d'intérêt : nous en ferons brièvement l'historique.

Poitiers, la ville des études théologiques et juridiques, témoigna de bonne heure son admiration et son religieux respect pour Opportune, si versée dans la connaissance des saintes Ecritures, si savante dans la science du salut.

L'université de Poitiers, fondée sous Charles VII, fut mise sous la protection spéciale de la sainte Abbesse; ses célèbres écoles s'appelèrent les écoles de sainte Opportune : *in scholis Opportunicis*, comme portaient les pancartes ou diplômes, et, jusqu'à la révolution, ce fut dans l'intérieur même de l'église Sainte-Opportune que se soutinrent les thèses publiques de Théologie.

Cette église, que nous trouvons mentionnée dès la première moitié du xiie siècle relevait de l'abbaye de Saint-Jean-de-Montierneuf, ordre

---

(1) Voir bréviaires de Séez 1582, de Beauvais 1534, de Meaux 1640, de Blois 1737, de Poitiers, de Saint-Pol-de-Léon, d'Avranches, de Coutances etc.

de Cluny ; elle se composait d'une seule nef et de quelques chapelles latérales qui, du coté droit surtout, étaient très-élégantes et ornées d'écussons à leurs clefs de voute (1).

A la suite de difficultés survenues pour l'inhumation de Jacquette Barbe, fille de Jean Barbe, avocat du roi à Poitiers, l'église de Sainte-Opportune obtint le titre d'église paroissiale. (1444) « Et pour ce, à la diligence dudit sieur « Barbe et d'autres, la dite chapelle de Sainte-« Opportune fut érigée en paroisse. » (2)

Jean Barbe, qui avait été maire de Poitiers en 1439, fut réintégré dans son ancienne dignité en 1445. L'église de la nouvelle paroisse se ressentit de ses libéralités. « Il lui donna ses « treilles et beaucoup de rentes..... des orne-« ments, chappes et chasubles en drap d'or et « fit croître et augmenter l'église depuis le cru-

---

(1) On conserve dans le musée de la ville de Poitiers deux de ces sculptures armoriées.

(2) M. de Chergé, dans son *Guide du voyageur à Poitiers*, dit qu'elle est mentionnée comme église paroissiale dès le 16 août 1281 ; nous ne saurions partager ce sentiment, d'autant plus qu'en 1326 il n'est encore question que d'un chapelain de sainte Opportune : « *Capellanus sanctœ Oppor-« tunœ debet* x *solidos turonenses.* » Le chapelain de sainte Opportune doit dix sols tournois.

« cifix jusqu'à la porte et par sa diligence la fit
« consacrer le sixième de mai de l'an 1446. »

De temps immémorial les processions des Rogations se sont faites à Poitiers avec une grande solennité. Les Chapitres et tous les religieux, sauf les Bénédictins, se réunissaient avec le clergé des 24 paroisses de la ville pour y assister.

Chaque église portait la statue ou les reliques de son patron. On y remarquait en particulier le reliquaire de sainte Opportune, ouvrage extrêmement précieux sous le rapport artistique et archéologique, qui, selon toute probabilité, remontait au XVe siècle.

C'était une croix en bois creux formant plusieurs compartiments garnis de reliques. Le bois était couvert de plaques d'argent ouvrées au repoussé sur les deux faces et unies sur les côtés de la croix. La face principale présentait différentes reliques sous verre avec des inscriptions gravées sur des bandes d'argent en feuilles qui étaient clouées sur les revers ou côtés du reliquaire. Vers le milieu apparaissait l'ossement vénéré de sainte Opportune fixé sous une bande d'argent gravée en son nom.

Les médaillons du revers étaient aussi très-remarquables; au point d'intersection l'agneau de Dieu, surmonté de sa croix à banderolle, ressortait dans un semis d'étoiles, et au bout de chaque bras se trouvait le symbole d'un des évangélistes. Le dessous de cette croix reliquaire n'était point couvert de lames d'argent comme tout le reste. A la place se trouvait un tenon qui s'emboîtait dans un piédestal, quand on voulait exposer ces reliques sur un autel, ou dans un riche bâton pour les processions solennelles.

Un étui, en cuivre doré, d'un travail exquis, enveloppait ordinairement ce reliquaire. On lisait au bas cette inscription : « Je suis de l'église de sainte Opportune de Poitiers 1685 » et au pied de la croix : « 1679. » Cette dernière date indique seulement l'année où l'on avait fait la reconnaissance de ces reliques. Elles avaient été apportées de Moussy à Poitiers bien antérieurement, sans doute en même temps que celles qui furent données à l'église de Sainte-Opportune-en-Retz, dont nous allons parler.

CHAPITRE VII.

Antiquité du culte de sainte Opportune dans la Bretagne. — Origine de l'église paroissiale de Sainte-Opportune-en-Retz. — Fondation d'un prieuré et d'une chapelle sous le vocable de la sainte Abbesse. — Développement de la ville de Paimbœuf. — Sa séparation de Sainte-Opportune-en-Retz. — La fête de la Bienheureuse est célébrée le 21 avril.

Le pays de Retz (*Radesiæ*), compris depuis longtemps dans le diocèse de Nantes, faisait autrefois partie de l'Aquitaine et dépendait de l'évêché de Poitiers.

D'après les recherches qu'un savant antiquaire (1) a bien voulu nous communiquer, le culte de sainte Opportune est très-ancien dans cette contrée, et, dès le commencement du xe siècle, on y trouve une église qui portait en même temps les noms de sainte Opportune et de saint Maixent (2).

Comment la sainte Abbesse de Normandie devint-elle titulaire de cette église? Nous

(1) M. Flandrin, conseiller général de Saint-Père-en-Retz.
(2) Saint Maxent ou Maixent était abbé dans le Poitou, sa patrie; il y mourut en l'an 515.

n'avons sur cette question aucun document authentique. Il est probable que des reliques notables de sainte Opportune ayant été déposées dans l'église Saint-Maixent, leur présence la fit appeler indifféremment : *l'église de Saint-Maixent*, ou *l'église de Sainte-Opportune*.

En l'année 1022, Simon, fils de Cavallou, seigneur de la Guerche, qui en était le suzerain, y fonda, en l'honneur de sainte Opportune, un prieuré qu'il remit avec l'église entre les mains des religieux Bénédictins de Saint-Aubin d'Angers.

Cent ans plus tard, en vertu d'un décret de Louis-le-Gros, Brice, évêque de Nantes, obtint juridiction sur cette église et sur plusieurs autres de son diocèse, qui étaient exemptes. On bâtit alors une chapelle de Sainte-Opportune et on la donna avec le prieuré aux religieux de Saint-Aubin, qui en ont joui jusqu'en 1792.

Quant à l'église paroissiale, elle fut desservie par un recteur ou curé, à la nomination du Pape, de l'Evêque de Nantes ou de l'abbé de Saint-Aubin, selon le mois dans lequel avait lieu la vacance, à moins que le titulaire n'eût pourvu lui-même à son remplacement par une résignation nominative. Il arrivait assez souvent que le même bénéficier jouissait à la fois de la cure et du prieuré. Du reste ce prieuré avait peu d'importance. Par un décret, en date du 14 décembre 1319, le seigneur Daniel, évêque de Nantes, le réunit, à cause de sa proximité et de la modicité de ses revenus, au prieuré de Saint-Brévin, qui dépendait également de l'abbaye de Saint-Aubin, à la charge toutefois de dire au moins deux messes par semaine dans la chapelle de Sainte-Opportune.

Comme les titulaires ne résidaient plus et ne venaient qu'à certains jours célébrer les saints mystères, cette chapelle fut négligée et finit par tomber dans un état de dégradation telle, qu'en 1566 elle fut interdite par Antoine II de Créqui, évêque de Nantes, et à l'avenir toutes les charges de l'ancien prieuré dûrent être acquittées dans l'église paroissiale, où les reliques de la Sainte étaient restées en grande vénération.

Le territoire de la paroisse Sainte-Opportune s'étendait jusqu'aux rives de la Loire et une grande portion de l'île de Paimbœuf en faisait partie; le reste dépendait de Saint-Père-en-Retz. (1)

---

(1) Saint-Père ou Saint-Pierre-en-Retz : *Sanctus Petrus ad Radasias*.

Paimbœuf, cette ville devenue si célèbre par son commerce, n'était d'abord qu'un simple village ; elle ne commença à prendre quelqu'importance que dans les premières années du xviiie siècle.

Trois lieues d'un terrain marécageux, et presque impraticable dans la saison pluvieuse, séparaient Paimbœuf de l'église Sainte-Opportune ; aussi les paroissiens ne pouvaient-ils que difficilement assister aux saints offices, et souvent le pasteur lui-même arrivait trop tard pour administrer aux malades les derniers sacrements.

L'accroissement subit de la population à Paimbœuf fit sentir plus vivement ces difficultés ; c'est pourquoi le recteur de Sainte-Opportune, M. Pondavy, prêtre aussi remarquable par son érudition que par son zèle et son dévouement, ne négligea rien pour remédier à un état de choses si déplorable et subvenir au bien temporel et spirituel de son troupeau.

Ne pouvant se dessaisir de ses droits, ni morceler sa paroisse, il autorisa au Bas-Paimbœuf, l'érection d'une chapelle et permit à son vicaire de la desservir et d'y administrer les sacrements, excepté le mariage et la communion pascale. Il s'était de plus reservé le droit de présider lui-même ou par un délégué aux processions de la Fête-Dieu ; enfin la croix et la bannière de la paroisse, qui portaient l'image de la patronne, devaient toujours occuper la place d'honneur.

Malgré toutes ces légitimes précautions, un grand pas était fait pour établir à Paimbœuf une paroisse indépendante. Le 24 septembre 1761, des lettres patentes de Louis XV et une ordonnance de Monseigneur de la Musanchère, évêque de Nantes, consommèrent la séparation.

Toutefois l'ordonnance épiscopale portait : « Pour reconnaître l'ancienne supériorité des « églises de Saint-Père et de Sainte-Opportune- « en-Retz, sur les chapelles du Haut et du Bas- « Paimbœuf, le recteur de Paimbœuf paiera par « chacun an vingt sols monnaie à chacun des « dits recteurs de Saint-Père et de Sainte-Op « portune, au jour de leur fête patronale ; et « les marguilliers de Paimbœuf, au nom de « leur fabrique, paieront également vingt sols « monnaie par chacun an à chacune des fabri- « ques des dites paroisses au dit jour de leur « fête patronale. » Ce droit, qui pouvait alors paraître moins dérisoire qu'il ne semblerait maintenant, ne fut aboli qu'en 1790.

Par suite du concours extraordinaire des pèlerins, qui venaient le 22 avril célébrer la fête de la sainte Abbesse, une foire considérable s'était établie, ce jour là, à Saint-Père-en-Retz. Comme ce bourg était presque contigu à l'église de Sainte-Opportune, Monseigneur Frétat de Sara, évêque de Nantes, de sainte mémoire, jugeant que le tumulte d'une foire était incompatible avec le recueillement nécessaire pour bien célébrer une fête patronale, crut devoir faire anticiper la solennité, et, en 1776, il la fixa au 21 du même mois. Cette ordonnance est restée en vigueur jusqu'à la Révolution.

CHAPITRE VIII.

Eglise paroissiale de Sainte-Opportune à Lessay. — Quel en fut le fondateur ? — Relations entre l'Hyemois et le Cotentin au xie siècle. — Vénération dont sainte Opportune a été l'objet dans le diocèse de Coutances.

Le troisième sanctuaire dont il nous reste à raconter l'origine, est celui de Lessay, à 4 lieues nord de Coutances. Sa haute antiquité nous est révélée par la charte de fondation de la célèbre abbaye de Lessay. Voici ce que nous y lisons : « Les choses que nous voyons ne doi-
« vent durer qu'un temps, et celles que nous
« ne voyons pas n'auront point de fin ; afin
« donc de gagner les biens invisibles et éter-
« nels par les biens visibles et temporels, Ri-
« chard, dit Turstin Haldup, avec Anna son
« épouse (1) et Eudes leur fils, suivant l'avis
« de Geoffroy, évêque de Coutances, et avec
« l'agrément de Guillaume, duc de Normandie,

---

(1) La *Neustria pia* donne à l'épouse de Turstin le nom d'Emma ; mais la charte de Lessay, qui est un document original, lui donnant celui d'Anna, nous l'adoptons de préférence.

« ont pris soin d'établir une église, en l'hon-
« neur de l'auguste et indivisible Trinité et de
« la sainte vierge Marie, *dans la paroisse de sainte*
« *Opportune, (in villa que dicitur sancte Oppor-*
« *tune)*, afin que des religieux réguliers y ser-
« vent fidèlement le Seigneur, sans dépendre
« d'aucune autre abbaye. Turstin a pourvu à
« l'entretien de cette église, en lui donnant les
« biens qu'il possède dans *la paroisse de Sainte-*
« *Opportune, où se trouve l'église de la Bienheu-*
« *reuse,* (1) et après la mort de son père, Eudes
« lui a fait aussi quelques autres donations. »

Cette charte fut signée par le roi Guillaume,
la reine Mathilde, Lanfranc, archevêque de
Cantorbéry, Anselme, abbé du Bec, Geoffroy,
évêque de Coutances, Osmond, évêque de Salisbury, et par les personnages les plus célèbres de cette époque.

Voilà donc, sous le vocable de sainte Opportune, une église et une paroisse, dont un acte
authentique constate l'existence, en l'année
1056 suivant les uns ou au plus tard en l'année
1066 suivant les autres. (2) Mais depuis com-

(1) (Quæ autem dederint hæc sunt in villa que appella-
tur sancte Opportune in qua sita est eadem ecclesia.)

(2) La charte de fondation de l'abbaye de Lessay ne porte
point de date. Il est certain qu'elle n'a été écrite que

bien de temps avaient-elles été établies ? il serait bien difficile de le déterminer. Qui est-ce qui avait dédié cette église à sainte Opportune et implanté son culte dans ces contrées ? Probablement ceux qui possédaient le territoire de cette paroisse : les ancêtres de Richard Turstin ou Turstin lui-même. Ce qui nous confirmerait dans ce dernier sentiment, c'est que Turstin, outre le titre de seigneur de la baronnie de la Haye-du-Puits, avait aussi celui de gouverneur de Falaise, d'Argentan et d'autres villes ; il avait conservé d'immenses propriétés dans l'Hyémois, dont il paraît être originaire, et il est vraisemblable que, comme Roger de Montgommery, il était uni à sainte Opportune par les liens du sang.

D'un autre côté, l'épouse de Turstin, Anna, qu'on regarde communément comme la sœur

quelque temps après la fondation de l'abbaye, puisqu'il y est fait mention de la mort de Turstin son fondateur : « Filius ejus Eudo al quantulum auxit post mortem patris. » D'ailleurs cet acte n'a pu être signé qu'après la conquête de l'Angleterre, puisque Guillaume y prend le titre de roi et que saint Osmond y figure comme évêque de Salisbury.

Il est donc présumable que l'abbaye aurait été fondée en 1056 et que la charte de fondation aurait été rédigée et signée dix ou douze ans plus tard.

de Guillaume-le-Conquérant, (1) ne pouvait manquer de connaître la vie et les miracles de la sainte Abbesse d'Almenêches, puisqu'elle avait ses biens patrimoniaux tout près du monastère d'Opportune, dans la paroisse de Marcey, comme on le voit par la charte de fondation de l'abbaye de Cérisy-Belle-Etoile.

Cette abbaye, on le sait, avait été fondée, en 1032, par Robert, duc de Normandie, connu sous le nom de Robert-le-Diable. Dix ans plus tard (12 mai 1042), Guillaume-le-Conquérant, suivant l'exemple et les intentions de son père, l'enrichit de revenus considérables, et Turstin, de son côté, ajouta à ces donations « tous les « biens de son épouse, situés à Marcey, à Cor- « day, aux Vallées et à Florigny (2). »

(1) « On apprend que Richard Turstin, dit Hardup était « seigneur de la Haye-du-Puits et autres terres et sei- « gneuries, et on dit qu'il possédait la quatrième partie « des terres de la Basse-Normandie. Il avait épousé Anne, « sœur du duc de Normandie. » (Manuscrit du XVIIe siècle, intitulé : *Mémorial pour les seigneurs qui ont possédé la baronnie de la Haye-du-Puits*).

(2) « Ex uxoris hœreditate, illa videlicet concedente, quidquid possideo in Marsaio, et in Vallibus et in Cordaio et in Florigno. » (Extrait de la charte de fondation de l'abbaye de Cérisy)

Avec des relations si intimes entre l'Hyémois et le Cotentin, entre les seigneurs de la Haye-du-Puits et les seigneurs alliés à la famille de sainte Opportune, il était naturel que l'illustre Abbesse d'Almenêches, connue et vénérée dans presque toute la France, eût un sanctuaire bâti en son honneur dans le religieux pays de Coutances.

Quoiqu'il en soit du fondateur de cette église, sainte Opportune a été de temps immémorial l'objet d'une dévotion toute spéciale dans le diocèse de Coutances. Son nom était inscrit dans les litanies des Saints ; la légende de l'ancien Bréviaire faisait le plus bel éloge de sa piété, de sa mortification et de ses autres vertus ; son sanctuaire de Lessay en particulier était un lieu de pèlerinage très-fréquenté, et, lorsqu'à la fin du XVIIIe siècle, tombant de vétusté, il menaçait ruine, personne dans la contrée ne voulut prêter son concours pour l'abattre ; tel était le respect dont la population l'entourait, il fallut pour le démolir recourir à des mains étrangères. Plus tard, comme nous le verrons, un splendide édifice lui fut substitué. Mais revenons au monastère d'Opportune et reprenons le récit que nous avons interrompu.

CHAPITRE IX.

L'Abbesse Mathilde relève le monastère de sainte Opportune, brûlé par les soldats de Geoffroy Grisegonelle. — Lettre du pape Alexandre III aux religieuses d'Almenèches. — Hautes protections qui leur furent accordées. — Un enfant mort né est ressuscité par l'entremise de la bienheureuse Opportune. — Relation d'un fait analogue par Nicolas Gosset.

La perte de ses chères reliques ne fut pas le seul malheur qu'Almenèches eut à déplorer dans l'expédition de Geoffroy Grisegonelle. Les soldats qu'il commandait, après avoir pillé le monastère y mirent le feu, et, pour la seconde fois en moins de 17 ans, cet asile de la paix, victime de guerres auxquelles il était étranger, fut entièrement détruit par les flammes. L'abbesse Mathilde, prenant pour modèle la conduite que sa tante Emma avait tenue en pareille circonstance, s'empressa de relever ces ruines ; à force de persévérance et de travaux, elle parvint à rétablir toutes les constructions de sa communauté et elle eut la consolation, avant sa mort, d'y voir fleurir les vertus monastiques.

Malgré tous les désastres qui étaient venus successivement fondre sur l'abbaye d'Almenêches, le nom de la Thaumaturge de la Normandie attirait l'attention et la haute protection des papes et des rois.

En l'année 1178, le souverain Pontife Alexandre III écrivit aux religieuses d'Almenêches, ces belles et affectueuses paroles :

« Alexandre serviteur des serviteurs de Dieu,
« à nos chères filles en Notre Seigneur, l'Ab=
« besse de Notre-Dame d'Almenèches, et ses
« sœurs tant présentes qu'à venir, qui ont fait
« et feront profession de la vie religieuse.

« Il est très-juste et très-raisonnable d'avoir
« égard aux humbles prières des vierges pru-
« dentes et sages et des fidèles épouses de Jé-
« sus-Christ, qui renoncent aux vanités et aux
« désirs du siècle, pour ne plus penser qu'à se
« rendre dignes de l'amour de leur Créateur : il
« est juste, dis-je, de les prendre, elles et leurs
« biens, sous notre protection, avec d'autant
« plus de raison et d'inclination, qu'on leur
« rend ce beau témoignage que, détachées des
« choses terrestres, elles ne pensent qu'à celles
« du ciel et qu'appliquées à pratiquer les bon-
« nes œuvres et à tenir leurs lampes pleines
« et ardentes du feu de la charité, elles sont

« toutes disposées à aller au-devant de l'époux
« qui doit mettre sur leurs têtes des couron-
« nes immortelles. »

Puis le souverain Pontife énumère et confirme les biens et priviléges que l'abbaye a reçus de la munificence des papes et des rois ; il frappe d'excommunication tous ceux qui chercheraient à l'en dépouiller et il souhaite la paix et les récompenses éternelles à tous ceux qui lui feront du bien.

Plus tard Alexandre iv (1257), Urbain iv (1264), Grégoire x (1271), etc, donnèrent au monastère de sainte Opportune des marques non équivoques de leur bienveillance.

De leur côté, les souverains étaient loin de l'oublier dans leurs libéralités royales : Henri i et Henri ii, rois d'Angleterre, exemptèrent de tout impôt les biens du monastère d'Almenêches, situés dans leur royaume, Richard-Cœur-de-Lion prit les religieuses et toutes leurs propriétés sous sa haute protection et saint Louis se montra en toutes circonstances leur défenseur et leur soutien.

Cependant Opportune continuait d'une manière visible à veiller avec une maternelle sollicitude sur le monastère qu'elle avait autrefois dirigé avec tant de charité et d'abnégation. Almenêches, qui lui témoignait tant de vénération et d'amour, était toujours son pays de prédilection, et obtenait par elle les faveurs les plus signalées et les plus merveilleuses.

Parmi les nombreux miracles que nous pourrions citer, en voici un qui eut plus de retentissement et qui offre des caractères plus incontestables d'authenticité.

Le lundi de la fête de la sainte-Trinité (14 juin 1500), le lendemain de la procession au Pré-Salé, une femme d'Almenêches, Jeanne, épouse de Jean-Julien, mit au monde vers midi un enfant mort-né. Après avoir bien constaté qu'il était sans vie, une des personnes qui se trouvaient là enterra l'enfant dans le jardin attenant à la maison.

Il y avait bientôt une demi-heure qu'il était en terre, lorsque l'abbesse du monastère, Marie d'Alençon, fut prévenue de ce qui était arrivé. Elle se hâte de vouer l'enfant à sainte Opportune, ordonne de le déterrer et de le lui apporter. Dès qu'elle l'a reçu, elle le dépose dans l'église de l'abbaye, sur l'autel de sainte Opportune, et, avec les prêtres, les religieux et un grand nombre de fidèles et de pèlerins venus pour les fêtes solennelles de la Trinité, elle se met en prières.

Au bout de quelques instants la chaleur vitale ranime cet enfant glacé par la mort, sa figure livide paraît rose et vermeille, ses yeux ont pris leur éclat naturel. Il était rendu à la vie. Enfin, comme pour convaincre les plus incrédules, à la vue de tous les assistants, il se met à bailler. On s'empressa de lui conférer le saint baptême, et ce ne fut que la nuit suivante, vers minuit, qu'il rendit à Dieu son âme purifiée de la tache originelle.

Le bruit de cet insigne miracle arriva promptement jusqu'à l'évêché de Séez. Le seigneur Gilles de Laval, qui occupait alors ce siège, envoya aussitôt à Almenèches Robert de la Corbière, son official et grand-vicaire, et Noël Manchon, promoteur de la cour ecclésiastique, pour procéder juridiquement à une enquête.

L'Abbbesse et toutes les religieuses, le père et la mère de l'enfant, la sage-femme, les deux curés d'Almenêches, Pierre Boucher et Richard Martin, Jean Bichet, curé de Pont-de-Vie, et Jean Cousin, chapelain de la communauté, furent succesivement interrogés. Tous affirmèrent qu'ils avaient vu et touché le corps de l'enfant mort et qu'ensuite ils l'avaient vu plein de vie. (1)

(1) La teneur du procès-verbal se trouve aux pièces justificatives A.

Après une enquête si concluante, M. Robert de la Corbière déclara qu'il y avait eu résurrection de l'enfant, et, le 21 juin 1500, il rédi- « gea l'acte suivant : » Nous official de Séez et « grand vicaire, pour rendre témoignagne à la « vérité, nous sommes venus au lieu de ce mo- « nastère avec notre vénérable Noël Manchon, « promoteur de notre cour ecclésiastique, et « nous avons fait information de la naissane, « sépulture, résurrection et mort d'un enfant, « en interrogeant et examinant fidèlement les « témoins susdits, lesquels nous ont fait un fi- « dèle rapport dans leurs dépositions, des cho- « ses, comme elles se sont passées, et nous at- « testons, à tous ceux qui y prennent part et à « tous les fidèles catholiques, qu'elles contien- « nent la vérité. En témoin de quoi nous avons « commandé à Rotulus, prêtre, d'y opposer le « sceau de notre vicariat, le 21 Juin 1500. »

En parcourant les détails de ce prodige, ce qui nous frappe le plus, ce n'est point le miracle lui-même, la résurrection de l'enfant, car nous savons que rien n'est impossible à Dieu ; mais nous admirons surtout cette assurance avec laquelle on demandait solennellement à sainte Opportune la résurrection d'un mort. Preuve manifeste que l'on avait une confiance illimitée en la Bienheureuse et qu'on était habitué à voir les plus étonnantes merveilles opérées par son entremise.

Nicolas Gosset, sans préciser de date, selon son habitude, rapporte aussi la résurrection d'un enfant, arrivée à Almenêches ; mais les circonstances sont toutes différentes et il n'y a nulle vraisemblance qu'il s'agisse du même fait.

« L'église parochiale d'Almenêches, dit-il, a
« été bâtie à cause d'un grand miracle. Une re-
« ligieuse assistée de ses parents la fit bâtir à
« la suite d'un vœu qu'elle avait fait à Dieu,
« lui ayant promis de ce faire pour la commo-
« dité des paroissiens, qui se servaient aupara-
« vant de l'église abbatiale, si l'enfant décédé
« sans baptême par sa faute, pour avoir trop
« tardé à bailler au curé la clef du tabernacle,
« afin d'y prendre les saintes huiles, ressusci-
« tait et était baptisé, comme il le fut, ayant
« même vécu quelque temps après avoir eçu
« le baptême, à l'autel sur lequel elle l'avait
« mis devant une image de la Vierge et reliques
« de sainte Opportune, en faisant son vœu à
« Dieu et invoquant la sainte à laquelle pour
« cela on a toujours attribué ce miracle. »

Comme on le voit, Nicolas Gosset parle d'un

enfant mort après sa naissance, auquel on avait trop tardé à conférer le baptême, tandis que dans le premier cas il s'agit d'un enfant mort-né, qui avait été enterré. D'un autre côté, la religieuse faisait vœu, si elle était exaucée, de bâtir une église pour la paroisse, qui n'en avait pas encore à cette époque. Or, il est certain que l'église paroissiale Saint-Pierre-d'Almenèches existait en l'an 1500, puisque Pierre Boucher et Richard Martin, sont désignés nommément, au procès-verbal que nous avons cité, comme desservant cette église. (1) Du reste,

(1) Ajoutons qu'aux termes du même procès-verbal les faits se passèrent dans l'église abbatiale. «Elle (l'abbesse) le porta sur l'autel de sainte Opportune, qui était dans l'église abbatiale.» Cette remarque semblerait inutile, s'il n'y avait pas eu en même temps une église paroissiale. Il est encore certain que cette église paroissiale datait alors de plus d'un siècle ; car un acte passé devant le notaire de Mortrée, en la paroisse de Bray, le premier février 1399, nomme positivement l'église paroissiale Saint-Pierre-d'Almenèches, et établit un legs en sa faveur. Et même dès le commencement du xive siècle, l'an 1308, lorsque le monastère d'Almenèches fut brûlé le jour de Pâques, Pierre de Valdari et Jean Lamy, curés de l'église paroissiale Saint-Pierre-d'Almenèches, dressèrent un procès-verbal de cet événement pour justifier la perte des titres de l'abbaye. « *Notum sit omnibus quod nos petrus de Valdari et Joannes* « *Lamy personæ et rectores ecclesiæ sancti Petri de Alme-*

comme nous allons le voir, la résurrection d'un mort n'est pas un fait unique parmi les grâces éclatantes obtenues par l'entremise de sainte Opportune.

« *nechiis testificamur quod anno* 1308. *die Paschæ etc.* »
Enfin Nicolas Gosset dit : « l'enfant avait été mis *devant les reliques de sainte Opportune.* » Mais depuis 1118, jusqu'en 1624, Almenêches n'a certainement point possédé de reliques de sainte Opportune. Il faut donc admettre que le prodige raconté par Nicolas Gosset, si les détails qu'il donne sont vrais, remonte au moins au XIIe siècle et par conséquent est tout différent du miracle dont nous avons rapporté les circonstances authentiques.

CHAPITRE X.

Un pèlerin est ressuscité dans l'église collégiale de Paris. — L'hopital Sainte-Opportune. — La châsse et la côte miraculeuse de sainte Opportune. — Translation de son bras droit. — Solennité de ses fêtes. — Dévotion des Princes pour sainte Opportune.

Pendant qu'en province on élevait des sanctuaires en l'honneur de sainte Opportune et que l'on se disputait ses reliques, à Paris, des prodiges sans nombre continuaient à s'opérer sous ses auspices ; son église s'ornait et s'agrandissait de jour en jour.

Un des plus éclatants miracles, que nous trouvons consigné dans les archives de la collégiale, est la résurrection d'un homme tué par un serpent. Voici à peu près en quels termes on l'y trouve raconté :

Plusieurs pèlerins étaient venus ensemble de Saint-Ouen pour célébrer la fête de sainte Opportune (22 avril 1154). Pressés de s'en retourner chez eux, en voulant abréger leur chemin, ils s'égarèrent dans les marais. Pendant qu'ils errent à l'aventure, l'un d'eux rencontre un serpent qui lui donne la mort. Navrés de douleur, ses compagnons de voyage tournent leurs regards vers Opportune et, attendant tout de sa puissance, ils portent le cadavre de l'infortuné devant son autel, en présence d'un concours innombrable attiré par la solennité. Tous se mettent en prière ; on apporte les saintes reliques, on les place sur le corps du défunt ; à peine l'ont-elles touché qu'à l'instant même le mort recouvre la vie et toute la foule éclate en transports d'enthousiasme et de reconnaissance.

Louis VII, informé de cette insigne merveille, accorda, comme témoignage de son admiration, des revenus considérables à l'église Sainte-Opportune, et, pour en perpétuer le souvenir, il fit graver deux tableaux qui représentaient la Bienheureuse ayant auprès d'elle un homme mort et foulant aux pieds un serpent.

Ne pouvant raconter en détail tous les autres miracles qui se sont opérés dans l'église collégiale, nous nous contenterons de citer un passage de Nicolas Gosset, qui parait les bien résumer : « Les boiteux qui s'y traînaient s'en
« retournaient en sautant, les aveugles, qui
« n'avaient jamais vu le monde, y trouvaient
« des yeux pour être témoins des merveilles
« que Dieu y faisait, la fièvre y avait de quoi

« éteindre ses ardeurs et échauffer ses frissons ;
« l'innocence y était soutenue et le pécheur
« absous de ses fautes. »

Aussi l'affluence des malades, qui venaient y chercher le soulagement ou la guérison de leurs infirmités, était si grande, qu'il fallut ouvrir un hospice pour les recevoir.

« Le grand concours des pèlerins à l'église
« Sainte-Opportune, dit Lobineau, *(Histoire de la*
« *ville de Paris* 1725 *tome* 1*)* a donné lieu à la
« construction de l'hopital voisin, appelé de
« Sainte-Catherine et quelquefois aussi hopi-
« tal de Sainte-Opportune. »

Dans son *Histoire de Paris* (1863 tome 1 liv. 5) Gabourd est encore plus explicite : « Vers l'an
« 1184, on fonda à Paris dans l'angle de la rue
« Saint-Denys et des Lombards, un nouvel ho-
« pital destiné à recevoir les pèlerins qu'atti-
« rait la célébrité des miracles de sainte Op-
« portune. On lui donna d'abord le nom
« d'*Hopital des pauvres de Sainte-Opportune*; mais,
« en 1222, le pape Honoré III le plaça sous la
« protection spéciale du Saint-Siége et l'appela
« l'*Hopital de la maison Dieu Sainte-Catherine.* »

Si les pauvres et les malades nécessitaient des dépenses, les autres pèlerins, surtout ceux qui avaient reçu quelque faveur signalée, apportaient de riches offrandes, en sorte que l'on put agrandir le chœur et la majeure partie de l'église. Un clocher garni de neuf cloches couronna l'édifice, et, l'an 1253, neuf autels, correspondant au nombre des chanoines, ornèrent l'intérieur du monument.

Les autres meubles de l'église, en particulier les reliquaires, étaient d'un grand prix. La châsse de sainte Opportune, qui renfermait les reliques apportées par Hildebrand II, était toute étincelante d'or. Dans les processions solennelles pour les nécessités publiques, on la portait à côté des châsses de saint Honoré et de sainte Geneviève.

La côte de la Bienheureuse, appelée *la côte miraculeuse*, était à part dans un reliquaire d'argent doré, en forme de croissant. « Cette sainte « côte, dit Nicolas Gosset, avait une vertu par-« ticulière de guérir les maux de gorge et les « maux de côté, chasser les démons hors les « corps des possédés, délivrer les femmes en-« ceintes et amener leur fruit aux saints fonds « du Baptême. » Les malades la réclamaient souvent ; un prêtre en surplis et en étole, précédé de flambeaux allumés, la leur portait à domicile.

L'église collégiale s'enrichit encore d'un nouveau trésor. A la prière de Hugues de Château-Girard, son chevecier, Jean du Puits, abbé de Cluny, avait consenti à se dessaisir en sa faveur, du bras droit de sainte Opportune, que son monastère possédait depuis si longtemps.

Emery de Magny, évêque de Paris, fit avec la plus grande pompe la translation de cette insigne relique, le dimanche dans l'octave de l'Epiphanie (1374). Accompagné de tout le clergé de Paris, il se rendit processionnellement de la place du Palais-Royal à l'église Sainte-Opportune, où il célébra la messe pontificalement. Le roi Charles V avec toute sa cour assistait à la cérémonie. Il avait lui-même fait présent du reliquaire qui contenait l'ossement vénéré. C'était un bras d'argent « porté par « deux anges de vermeil avec soutènement en « cuivre doré, garni de trois saphirs. » (1)

En mémoire de cette translation, l'Evêque ordonna que, chaque année à pareil jour, le clergé et les fidèles de l'église Sainte-Opportune portassent ces reliques en procession dans la circonscription de la paroisse, afin d'attirer les bénédictions célestes sur l'Etat et sur la ville.

---

(1) Notes ajoutées à Lebœuf, *Antiquités de Paris*.

La fête de sainte Opportune et son octave se célébraient avec la plus grande solennité. A partir du 22 avril, les reliques de la Sainte étaient exposées sous un dais richement brodé ; un prêtre en habit de chœur avec étole, faisait toucher la côte miraculeuse aux personnes qui se présentaient pour la vénérer, et chaque jour de nombreuses processions se rendaient à l'église collégiale.

Il en était de même à la fête de saint Marc et aux Rogations ; les paroisses de Saint-Germain-l'Auxerrois, Saint-Eustache, Saint-Jacques-la-Boucherie, Saint-Sauveur etc., venaient y faire leurs stations.

« Il n'y a point d'années, dit Nicolas Gosset
« après avoir décrit ces fêtes, qu'il ne s'y fasse
« de grands et signalés miracles, et il y a par-
« fois si grand concours de peuple qu'on n'y
« saurait entrer. »

Dans les derniers siècles le culte de sainte Opportune ne paraissait point s'être ralenti. Nous lisons en effet dans la préface d'un *Office propre à la collégiale de Paris*, imprimé en 1704 :

« On sait que Louis de Bourbon, prince de la
« Roche-sur-Yon, frère de François de Bour-
« bon, comte de Vendôme, bisaïeul de Henri-
« le-Grand, avait une si fervente dévotion pour

« notre sainte qu'il demanda au Chapitre une
« petite portion de ses reliques, qui ne lui fut
« pas plus tôt accordée du consentement de
« l'Évêque que ce prince la fit enchâsser dans
« un précieux reliquaire ; et, après l'avoir porté
« pendant sa vie, il le légua en mourant à la
« Sainte-Chapelle de Champigny, où il a fait
« de pieuses fondations pour **honorer** la mé-
« moire de cette grande sainte et où l'on célè-
« bre la fête avec grande solennité.

« La dévotion de la plus auguste de nos rei-
« nes, mère de Louis-le-Grand, (Anne d'Au-
« triche), s'est signalée plusieurs fois dans
« notre église, où elle amenait les princes et
« toute la cour rendre leurs hommages à ces
« miraculeuses reliques ; et madame la Dau-
« phine a accompli en personne un vœu qu'elle
« avait fait à cette sainte en action de grâce de
« l'heureuse naissance de Monseigneur le duc
« de Bourgogne. »

CHAPITRE XI

Restauration de l'église de sainte Opportune à Almenêches. — Culte de la Bienheureuse dans le diocèse de Séez. — La fête de sainte Opportune est chômée. — Louise de Médavy fonde deux prieurés en l'honneur de la sainte Abbesse. — Elle obtient une partie de ses reliques. — Etat des tombeaux de saint Godegrand et de sainte Opportune au xviie siècle. — Marie-Louise de Médavy les détruit. — Tombeau commémoratif. — Autel de sainte Opportune.

Malgré l'action destructive du temps et tous les bouleversements qui s'étaient opérés depuis près de huit siècles, la modeste église où sainte Opportune avait adressé au Seigneur de si ferventes prières, et qu'elle avait choisie pour lui servir de tombeau, était encore debout. Une religieuse sollicitude veillait à l'entretien de ses murailles, et chacune de ses pierres était respectée comme si elle eut rappelé un souvenir de la bonne Abbesse. Tout autre édifice, quelque élégant qu'il fût, semblait ne pouvoir remplacer ce sanctuaire consacré par tant de merveilles.

Cependant peu d'années après le dernier miracle, que nous avons signalé à Almenêches, et qui s'était opéré en faveur d'un enfant mort-né, ressuscité pour recevoir le saint baptême, des indices trop certains de ruine se manifestèrent et la majeure partie de l'église dut être reconstruite à neuf.

Ce fut Louise de Silly, abbesse d'Almenêches, qui entreprit ce travail. Son oncle, Jacques de Silly, évêque de Séez, qui était très-riche et très-généreux, et Marguerite de Valois, duchesse d'Alençon, sœur de François Ier, la secondèrent puissamment dans cette œuvre qui absorba tous ses revenus. Pour en conserver le souvenir à la postérité, les contemporains firent graver sur un des murs de l'église cette inscription, que l'on voit encore de nos jours, précisément sur l'entrée du tombeau de saint Godegrand : « Ce temple, lequel a été ruiné « par antiquité, fut commencé à réédifier l'an « de grâce 1534, et fut parfait l'an 1550, par » Révérende Dame madame Louise de Silly, « abbesse de céans (ce lieu) gloire et honneur « en soit au Seigneur. »

« L'église d'Almenêches, dit le savant auteur « de *l'Orne archéologique*, l'une des plus vastes et « des mieux ornées du diocèse de Séez, appar-« tient à plusieurs époques. Sa nef date de la

« moitié du xvie siècle, elle ne brille point par
« la profusion d'ornements, qui distingue la
« plupart des monuments du même âge. Son
« mérite consiste dans l'harmonie des propor-
« tions, dans l'heureuse disposition de ses fe-
« nêtres à plein ceintre et à de légers méneaux,
« dans l'élégante simplicité des voûtes, dont
« les clefs seules s'abaissent en gracieux pen-
« dentifs. »

Les travaux de Louise de Silly se bornèrent
à une vaste nef, avec deux chapelles qui for-
ment le transept. Par respect pour les tombeaux
de sainte Opportune et de saint Godegrand, elle
ne voulut point toucher au chœur de l'ancienne
église, ni aux deux petites chapelles latérales
à l'entrée desquelles ils étaient creusés. Mal-
heureusement, comme nous le verrons plus
tard, on ne fut pas toujours aussi bien inspiré.

Cette église n'était pas la seule dans le diocèse de Séez où sainte Opportune fut spécialement honorée. Avant le xive siècle une paroisse de l'arrondissement de Domfront, qui fait
partie du canton d'Athis, l'avait choisie pour sa
patronne et la titulaire de son église ; Damigny,
près d'Alençon, lui avait dédié un autel avec le
titre de seconde patronne et bon nombre d'au-

tres églises et chapelles possédaient sa statue. Les fidèles, non contents de vénérer son tombeau et d'assister aux processions faites en son honneur, l'invoquaient chaque jour dans leurs prières et se plaisaient à lui témoigner en toute circonstance une dévotion particulière.

Le seigneur évêque de Séez, Louis du Moulinet, entrant dans ces sentiments de piété, ordonna, en 1576, que désormais dans tout son diocèse la fête de sainte Opportune serait chômée le 22 avril. Cette prescription resta en vigueur pendant soixante-quatorze ans, jusqu'à la dernière année de l'épiscopat du seigneur Jacques Camus de Pont-Carré, qui crut devoir la révoquer.

Quoique les fêtes d'obligation fussent très-multipliées à cette époque, ce changement fut assez froidement accueilli, surtout à Almenêches. La première année, personne ne voulut travailler le 22 avril; l'année suivante, quelques-uns d'une conscience moins timorée se permirent de vaquer à leurs occupations; mais voilà, raconte Marin Prouverre, que tout-à-coup le feu se déclare au monastère : chacun quitte son ouvrage et accourt pour éteindre l'incendie.

Ce malheur et quelques autres accidents arrivés le même jour furent regardés par tous les gens du pays comme un châtiment manifeste du travail qu'on s'était permis de faire le jour de la fête de la sainte Abbesse. Aussi, après s'être rendus maîtres du feu, tous se rendirent à l'église et consacrèrent à la prière le reste de la journée.

Une des plus illustres Abbesse d'Almenêches et surtout une des plus dévouées à sainte Opportune fut assurément madame Louise de Médavy. « Elle comptait parmi ses ancêtres, dit
« madame Bouette de Blémur (1), des maré-
« chaux de France, comme elle en vit depuis
« parmi ses neveux et ses alliés. Elle fut jugée
« capable de se consacrer à Dieu, par les vœux
« solennels, à l'âge de douze ans, ce qu'elle
« exécuta d'une manière digne de la grâce dont
« elle était prévenue. Cette illustre fille com-
« mença de porter le cilice, de coucher sur la
« paille, d'affliger son corps tendre et délicat
« par de rudes diciplines et d'offrir sans cesse
« le sacrifice d'un cœur contrit à la majesté
« divine. Elle eut la consolation, pendant sa
« régence, d'avoir monsieur son frère pour
« évêque, aussi bien que sainte Opportune

---

(1) Eloges de plusieurs personnes illustres de l'ordre de saint Benoit.

« avait eu le sien, et de voir sept de mesdames
« ses sœurs consacrées à l'Epoux des vierges. »

Une telle abbesse ne pouvait manquer d'avoir à cœur la gloire de sainte Opportune. Non contente de la prendre pour modèle dans toute sa conduite et de la prier souvent, elle s'efforçait en toute circonstance de développer son culte. Lorsqu'en 1623 elle fonda dans la ville d'Argentan une succursale de l'abbaye d'Almenêches, avec un pensionnat pour les jeunes personnes, elle lui dédia une chappelle dans l'église Notre-Dame-de-la-Place qu'on lui avait cédée.

Puis portant ses regards vers la ville, qui avait eu l'insigne honneur de protéger le berceau et l'enfance d'Opportune, elle établit à Exmes, sept ans plus tard, un nouveau prieuré de Bénédictines, près d'une chapelle dédiée à la très-sainte Vierge et connue sous le nom de Notre-Dame-des-Loges.

« Ce qui est le plus considérable dans le suc-
« cès que Dieu a donné à cet établissement, dit
« Marin Prouverre, c'est que l'église de Notre-
« Dame-des-Loges et les maisons ont été cons-
« truites des matériaux du château et chapelle,
« qui servait de retraite et d'oratoire à sainte
« Opportune, l'une des titulaires et sous l'invo-

« cation de laquelle le dit monastère est
« fondé. »

Ce fut en effet vers l'an 1630 que l'antique château d'Exmes fut détruit, et, comme sainte Opportune était la fille d'un des puissants comtes d'Exmes, il est vraisemblable qu'elle fut élevée dans le château dont les débris servirent, 900 ans plus tard, à l'érection du prieuré de Notre-Dame-des-Loges.

Quelle que soit l'origine des matériaux employés dans ses constructions, cette communauté fit preuve de la piété la plus filiale pour sainte Opportune et se montra véritablement digne de l'avoir pour patronne.

Ce n'était point assez pour le zèle de Louise de Médavy d'élever des prieurés sous les auspices d'Opportune; elle aspirait à posséder un trésor inestimable à ses yeux et qui était l'objet de toutes ses préoccupations.

Depuis 500 ans, les restes vénérés de Godegrand et de sa sœur avait été enlevés d'Almenêches par Geoffroy Grisegonelle et l'église du monastère n'offrait plus à la piété des fidèles que des tombeaux vides. Elle brulait de réparer cette perte et, pour y réussir, elle était décidée à ne reculer devant aucun sacrifice.

Au mois d'octobre 1623, elle se rend elle mê-

ne à Vendôme et conjure les chanoines de l'é-
lise collégiale de lui céder au moins une par-
e des reliques dont son monastère avait été
épouillé. Les paroles bienveillantes et même
es promesses qu'elle rapporta ne firent qu'en-
ammer davantage l'ardeur de ses désirs.

Le succès ne tarda pas à couronner ses dé-
arches. L'année suivante Léonor d'Etampes,
lors évêque de Chartres, lui délivra toutes les
utorisations nécessaires et M. l'abbé Pavy, cha-
elain de l'abbaye d'Almenêches, qui devint
nsuite curé de Macé et plus tard fondateur du
rand séminaire de Séez, fut chargé d'aller re-
evoir à Vendôme le pieux trésor.

Le 15 juin 1624, le chapitre de la collégiale
t solennellement l'ouverture de la châsse de
ainte Opportune. M. Antoine Hémon, son
hevecier, après avoir célébré la sainte messe
revêtu d'aube et étole, a tiré une partie du
chef, une autre du bras et une parcelle de
l'épine du dos, avec une pièce du cilice du
corps de laquelle sainte Opportune, plus un
os du bras du corps de saint Godegrand avec
une petite pièce de la robe duquel saint. » (1)

(1) Voir le procès verbal transcrit aux pièces justifica-
ives, .B

Ces reliques avec la copie du procès verbal furent remises aux mains de Monsieur Pavy, qui s'empressa de les apporter à Almenêches, où il était impatiemment attendu. A son arrivée, la population se porta en foule au-devant de lui et l'accueillit avec un enthousiasme indescriptible.

Les miraculeuses reliques exposées dans l'église de l'abbaye dédommagèrent ainsi les fidèles d'une grande privation: celle de ne plus aller prier dans le tombeau de sainte Opportune.

Comme l'entrée de cette chapelle souterraine se trouvait dans le cloître, il fallait, pour la visiter, passer dans l'intérieur du monastère. Louise de Médavy, estimant cet usage contraire aux saintes règles de la clôture, l'avait supprimé en 1620. Dès lors aucun séculier n'était admis et les religieuses seules pouvaient y faire leurs dévotions.

Quant au tombeau de saint Godegrand, comme il se trouvait du côté de l'église opposé à la communauté, il resta ouvert aux habitants d'Almenêches et aux nombreux pèlerins qui accouraient pour le vénérer.

Les choses restèrent en cet état jusqu'à l'époque où Marie-Louise Rouxel de Médavy, voulant agrandir le chœur de son église et les deux petites chapelles que Louise de Silly avait respectées, fit combler l'entrée de ces deux tombeaux dans lesquels on descendait par dix ou douze petits dégrés.

Laissons les chroniqueurs nous en faire la description : « Il est certain, dit l'abbé de Cour-
« teilles, (*Eloge des saints évêques de Séez*) que
« saint Godegrand fut enterré à Almenêches
« dans une chapelle de l'église, laquelle était
« sous terre et a été plusieurs fois réparée tant
« à cause de sa vieillesse qu'à cause des renver-
« sements, qui s'y sont souvent faits par l'impé-
« tuosité des guerres, jusqu'à ce qu'enfin elle
« ait été tout à fait détruite, en 1674, pour am-
« plier et rendre plus magnifique la portion an-
« térieur de cette église ; j'entends du chœur et
« des deux chapelles. »

Dom Jomillain, abbé de Saint-Martin de Séez, qui écrivait quelque temps après ajoute : « Il y
« a environ 40 ans, en jetant les fondations d'une
« nouvelle muraille, on trouva une ancienne
« porte et dix ou douze petits dégrés qui con-
« duisaient à un lieu souterrain sur lequel était
« une chapelle de saint Etienne. On crut et
« avec beaucoup de raison que sous cette cha-
« pelle était le tombeau de saint Godegrand. Le

« ceintre de cette vieille porte se voit encore
« presque à demi enterré sous le gros clocher de
« l'église, proche la porte de l'escalier de la
« tour. Vis-à-vis de la chapelle saint Etienne,
« était celle de saint Jean l'évangéliste, du côté
« de l'épître, où est maintenant la chapelle de
« Notre-Dame. L'ancienne tradition était que
« sous cette chapelle était le lieu de la sépul-
« ture de sainte Opportune dans une autre cha-
« pelle souterraine, où l'on descendait, comme
« dans celle de saint Godegrand par dix ou douze
« dégrés fort étroits. L'entrée de cette chapelle
« fut fermée aux séculiers en l'an 1620, auquel
« temps la clôture fut établie au monastère par
« Madame Louise de Médavy, abbesse; les reli-
« gieuses seules y faisaient depuis leurs dévo-
« tions et processions. Il y a bientôt quarante
« ans que ces deux chapelles de saint Jean et
« de sainte Opportune ayant été détruites, on en
« a rétabli une en l'honneur de sainte Oppor-
« tune à la place de celle de saint Etienne. »

La construction pour laquelle Marie-Louise de Médavy sacrifia tout ce que son monastère possédait de plus précieux en fait de souvenirs religieux et historiques, prouve assez le mauvais goût de l'époque. Voici l'éloge peu flatteur qu'en fait si judicieusement *l'Orne Archéologique*:

« Pourquoi faut-il que cette belle nef se termine par un chœur bas et massif, flanqué de deux chapelles encore plus lourdes, froide construction où l'art n'était déjà plus soutenu par les inspirations de la foi ? »

Marie-Louise de Médavy mourut l'année même où elle entreprit ces travaux. Comme pour réparer ces actes de destruction, nous dirions même de vandalisme, Marie-Magdeleine Rouxel de Médavy, sa sœur, qui lui succéda, fit élever un tombeau commémoratif que l'on voit fixé au mur latéral d'une des chapelles.

Godegrand en habits pontificaux, et Opportune avec le costume de bénédictine, sortent à demi-corps de ce tombeau et un ange superposé semble de la main leur montrer le ciel. Sur la console qui les supporte on lit ces mots : « Ce tombeau a été faict l'an mil six cent quatre-vingt-douze, pour conserver la mémoire de (celui de) saint Godegrand et de sainte Opportune, lequel fut destruit en mil six cent soixante-quatorze quand cette église fut réédifiée. »

Outre ce tombeau commémoratif, Marie-Magdeleine fit aussi ériger en l'honneur de sainte Opportune un gracieux autel, ouvrage de Chauvel (1679). Tenant de la main droite la crosse abbatiale et de l'autre un cœur, symbole de son ardente charité, les yeux doucement fixés vers le ciel, la sainte abbesse est environnée d'une multitude d'anges et de séraphins ailés, qui soutiennent les draperies de ses vêtements et semblent l'assister dans son ascension céleste. Le fronton du rétable forme un élégant médaillon encadré par deux anges; Marie-Magdeleine y fit placer l'ossement du chef de sainte Opportune apporté par M. Pavy; il avait été scellé dans la tête d'un buste reliquaire, pour mieux rappeler la nature de cette relique insigne.

Du reste pendant tout le temps qu'elle fut abbesse, à l'exemple de Louise de Medavy, son illustre tante, elle se signala par son zèle pour la gloire de sainte Opportune. Après s'être efforcée d'inspirer à ses religieuses les mêmes sentiments de piété qui l'animaient, désirant les manifester d'une manière plus solennelle, elle sollicita et elle obtint de l'évêché, pour son monastère, l'autorisation de réciter sous le rit semi-double, le mercredi de chaque semaine, l'office de sainte Opportune.

CHAPITRE XII.

L'abbaye d'Almenêches est transférée dans la ville d'Argentan. — Lettre de Louis XV. — Les reliques de sainte Opportune sont emportées à Argentan. — Les habitants d'Almenêches en réclament et en obtiennent une partie. — Processions au Pré-Salé. — Légendes populaires sur le Pré-Salé. — Les Bénédictines d'Argentan font constater l'authenticité des reliques de sainte Opportune.

L'abbesse Marie-Magdeleine de Médavy avait le goût des belles choses. Non-seulement elle avait richement décoré l'église de son monastère, mais elle avait aussi entrepris à Argentan des travaux importants pour l'agrandissement et l'embellissement de son prieuré. Ces dépenses et peut-être aussi quelques revers de fortune absorbèrent toutes les ressources de la communauté et même occasionnèrent des dettes considérables. Il fallut reconnaître qu'il n'était plus possible de faire face à l'entretien des deux maisons. Pour ne point les voir tomber toutes les deux à la fois on dut en sacrifier une, et par ordre de Monseigneur Louis d'Aquin, évêque de Séez, la succursale d'Argentan fut abandonnée.

Ce ne fut pas pour longtemps, car à peine trente ans après, pendant que madame Hélène de Chambray était abbesse, Argentan l'emporta à son tour, et l'abbaye de sainte Opportune à Almenêches succomba pour ne plus se relever.

A cette occasion M. le marquis de Chambray, pour justifier les démarches et les intentions de madame l'abbesse sa sœur, publia un long mémoire (25 juillet 1733), qui fut loin de porter la conviction dans tous les esprits. Citons-en seulement quelques lignes qui feront assez connaître et l'état du monastère de sainte Opportune et le culte que l'on rendait alors à la Bienheureuse.

« L'abbaye d'Almenêches, de fondation ro-
« yale et l'une des plus anciennes du royaume,
« est située entre les villes de Séez et d'Ar-
« gentan, dans un bourg assez considérable, au
« milieu d'un terrain gras et fertile, à l'entrée
« des forêts où elle a ses usages, et un air si
« sain et si pur qu'il s'y trouve actuellement
« plus de la moitié des religieuses de l'âge de
« quatre-vingts ans ou environ, exemptes des
« infirmités de la vieillesse. On ne sait pas pré-
« cisément le temps de sa fondation ; ce qu'il
« y a de certain c'est que sainte Opportune en
« était abbesse au viiie siècle.

« Je crois qu'il n'est guère de communautés
« dans le royaume aussi généralement péné-
« trées des devoirs de leur état et où le Sei-
« gneur soit plus dignement servi. L'église sur-
« tout est très-belle et célèbre par le concours
« des fidèles que les reliques de sainte Oppor-
« tune et les miracles qui s'y opèrent, par l'in-
« tercession de cette sainte, y attirent de tous
« les environs. Depuis mille ans et plus, l'ab-
« baye d'Almenêches fleurit au lieu où elle est
« encore aujourd'hui, recommandable par son
« antiquité et plus encore par la sainteté de
« ses Abbesses dont sainte Opportune, sœur de
« saint Godegrand, évêque de Séez, a été l'une
« des principales. »

Toutes ces belles protestations et beaucoup d'autres réclamations n'eurent aucun résultat, et, malgré la répugnance bien naturelle des religieuses, un arrêté royal transféra le siége de l'abbaye d'Almenêches au prieuré de Notre-Dame-de-la-Place à Argentan. Le 19 septembre 1736, Louis XV adressa cette lettre à madame de Chambray abbesse :

« Chère et bien-aimée, Voulant pour bonne
« considération et de l'avis du sieur évêque de
« Séez, que l'abbaye de Notre-Dame d'Alme-
« nêches, dont vous êtes abbesse, soit trans-

« férée dans la maison régulière appartenant
« à la dite abbaye dans la ville d'Argentan, en
« lui conservant ses titres, droits, biens, di-
« gnités et priviléges, à l'effet de quoi toutes
« lettres patentes seront incessamment expé-
« diées. Nous vous mandons et ordonnons de
« vous transporter incessamment dans la dite
« maison d'Argentan avec les religieuses de
« votre abbaye. Nous vous permettons néan-
« moins de laisser dans la dite maison d'Alme-
« nêches, celles des dites religieuses que vous
« jugerez être absolument nécessaires. »

Quels furent les motifs qui amenèrent cette décision? La lettre du roi ne les formule point et nulle part on ne les trouve clairement avoués. Etait-ce, comme disent les uns, le résultat d'intrigues de personnes influentes, de dénonciations fausses, de rapports exagérés? Ou bien, comme d'autres le prétendent, était-ce déjà le vent de la révolution qui soufflait, les doctrines de Voltaire qui portaient leurs fruits? Nous ne saurions l'affirmer. Ce qui est certain et formellement exprimé dans l'ordonnance royale, c'est que cette mesure avait été prise d'accord avec Monseigneur Lallemand, évêque de Séez, et que le prélat s'y montrait favorable. Dans quel but? Sans doute par des considérations de haute administration et parce qu'il trouvait le séjour de la ville plus convenable et plus sûr pour des religieuses cloîtrées que le séjour de la campagne.

Les habitants d'Almenêches, qui goûtaient fort peu ces raisons, furent profondément attristés du départ de leurs chères Bénédictines et de la suppression de l'antique abbaye, qui depuis plus de onze siècles faisait la gloire et la richesse de leur contrée. Mais ce qui ne les contrista pas moins, ce fut de voir emporter avec le mobilier du monastère les reliques de sainte Opportune. Il est vrai qu'elles appartenaient à la communauté ; mais, habituée à prier devant elles depuis plus de cent ans, la paroisse les regardait comme son trésor inaliénable.

Quoiqu'il y eût une église paroissiale tout près du monastère, le plus souvent les fidèles aimaient à suivre les saints exercices dans l'église abbatiale plus vaste, plus belle et plus riche en souvenirs, et même certains offices n'avaient lieu que dans l'église de l'abbaye.

« Autrefois, dit Dom Jomillain, il n'y avait
« pas d'autre église que celle de l'abbaye et,
« pour en conserver la mémoire, il n'y avait
« point d'office à la paroisse Saint-Pierre la nuit

« de Noël, ni le vendredi saint. Le cierge pas-
« cal de la paroisse est béni le samedi saint
« dans l'église du monastère, et, les lundis et
« mardis de Pâques et de la Pentecôte, les vê-
« pres ne se chantent qu'à l'église abbatiale. »

Avec des relations si intimes entre la paroisse et le monastère, on le comprend sans peine, le départ des reliques de sainte Opportune affectait péniblement les habitants d'Almenêches. Ils firent les démarches les plus empressées pour les retenir, ou du moins pour les partager. Madame de Chambray se prêta de bonne grâce à ce dernier désir, et après avoir obtenu les autorisations requises pour faire l'ouverture du reliquaire, l'an 1738, la veille de la fête de sainte Opportune, Pierre Dupuy, prêtre confesseur de l'abbaye, remit aux deux curés d'Almenêches, Pierre Ledoyen et Nicolas Simon, un petit ossement de sainte Opportune, qu'il est facile de reconnaître pour l'os du pouce placé entre l'os métacarpien et la phalange unguéale.

On avait préparé d'avance un buste reliquaire aussi semblable que possible à celui dont Almenêches avait tant regretté le départ. On y déposa la sainte relique et on la scella avec le procès-verbal dont on peut voir la teneur aux pièces justificatives C.

Lorsqu'en 1755 l'église de l'abbaye fut achetée par la paroisse d'Almenêches, cette relique vénérée fut placée à l'autel de sainte Opportune, dans le médaillon que renfermait autrefois l'ancien buste reliquaire. On ne le descendait que dans les grandes solennités et pour les processions annuelles au *Pré-Salé*.

Nous l'avons déjà dit, à la suite du prodige opéré par la bienheureuse Opportune, le *Pré-Salé* est devenu un lieu de pèlerinage très-fréquenté. De temps immémorial, on y fait solennellement la procession le 22 avril, fête de sainte Opportune, et le dimanche de la Trinité, jour anniversaire du miracle.

« En mémoire de ce signalé miracle, dit Ni-
« colas Gosset, toujours depuis ce temps-là par
« chacun an, le curé semainier assisté de son
« clergé fait deux processions solennelles, à sa-
« voir le jour de la fête et le jour de la Très-
« Sainte-Trinité, chantant en y allant les respons
« et litanies de la Saincte, et sur le Pré l'antienne
« avec le verset et l'oraison, quatre frères de
« la charité de la paroisse, (1) portant sous un
« dais, le chef où il y a des reliques. »

(1) La confrérie de la Charité d'Almenêches, érigée en

On rapporte sur le *Pré-Salé* et ses environs, plusieurs légendes populaires. Certes, elles ne sont pas des articles de foi. Nous croyons néanmoins qu'on ne les lira pas sans intérêt.

« Nous avons appris de personnes dignes de
« foi, dit l'abbé de Courteilles (*Eloge des saints du
« diocèse de Séez*), que vers le commencement du
« XVIIe siècle, une portion de ce pré du côté du
« septentrion étant moins féconde pour pro-
« duire beaucoup d'herbe, sous l'espérance
« d'un plus grand profit, le fermier entreprit

l'honneur de la Sainte-Trinité, de la Sainte Vierge, de saint Pierre, prince des apôtres, et de saint Sébastien martyr, fut autorisée par Monseigneur Jacques Camus de Pont-Carré, le 26 octobre 1639. Elle eut pour fondateur et premier prévôt M. Damien Ledangereux, curé de la paroisse, licencié en droit civil et canon, et pour premier échevin M. Jacques du Signet, sieur du Plessis, huissier de la salle de la reine mère du roi. Presque toujours elle a compté parmi ses dignitaires et ses membres les notabilités du pays. Elle eut pour prévôts : (juin 1656) Jacques de Bragues, sieur de la Vallée à Villebadin (mai 1716), M. de Droullin, seigneur de Say, Uron et Crennes, pour Echevin, (juillet 1661) Jérôme de Tirmois, sieur de la Haute-Noë etc. Dans tous les actes anciens qui la concernent, elle est appelée : la noble confrérie de la Charité d'Almenêches. Nous ne connaissons point l'origine de ce titre, mais nous nous garderons bien de le lui discuter.

« de la labourer et d'y faire du blé ; mais il n'y
« vint aucun grain, et, ce qui est à admirer,
« c'est que le jour qu'on y alla faire la proces-
« sion annuelle, le pré retourna en son premier
« état et la partie qui avait été labourée devint
« toute couverte d'herbe comme l'autre. »

Pour accéder au *Pré-Salé* du côté du couchant, il y a dans la plaine un sentier concédé pour le passage des pèlerins et des processions. Toutes les fois que l'on a cherché à le cultiver ou à le rétrécir, il est arrivé, dit-on, quelque malheur ; la charrue se brisait, les chevaux tombaient malades ou prenaient l'épouvante.

Parmi maint et maint faits que l'on raconte, en voici un que des personnes dignes de foi déclarent tenir de celui-là même à qui il est arrivé.

Un domestique se trouvant seul à labourer près du sentier, voulut voir si ce qu'on disait était vrai et mit sa charrue dans le terrain réservé pour le passage. Au bout de quelques pas ses chevaux s'abattent par deux fois, et deux fois de vigoureux coups de fouet les relèvent. Enfin à la troisième chute, les harnais sont mis en morceaux et les chevaux épouvantés s'enfuient jusqu'à la ferme du Plessis, éloignée de plus d'un kilomètre, où l'on eut beaucoup de peine à les arrêter. « On me donnerait « toute la paroisse d'Almenêches, disait-il « longtemps après en racontant son aventure, « je ne voudrais pas recommencer. »

L'herbe du *Pré-Salé*, ajoute-t-on encore, foulée par la procession, quelque nombreuse qu'elle soit, même à l'époque de la Trinité, se redresse promptement, en sorte que dès le lendemain on n'aperçoit plus aucune trace du passage des fidèles.

Cet effet se produisit-il toujours, nous n'oserions le regarder comme miraculeux, car l'herbe du *Pré-Salé*, même dans la saison avancée est généralement courte et serrée ; comme elle est couchée dans le même sens, elle peut se relever facilement surtout à la rosée de la nuit.

Si ces diverses légendes ne peuvent soutenir les règles d'une critique sévère, elles prouvent du moins le respect constant des fidèles pour le *Pré-Salé* et l'importance qu'ils ont attachée en tout temps aux processions qu'on y fait chaque année.

Cependant madame de Chambray, qui s'était fait autoriser par l'Evêché à ouvrir la châsse de sainte Opportune, afin d'en extraire un ossement destiné à la paroisse d'Almenêches, avait tardé à la faire sceller et l'on pouvait craindre que les reliques qu'elle contenait n'eussent perdu leur authenticité. Monseigneur Néel de Christot étant allé, le 10 février 1757, visiter le monastère des Bénédictines à Argentan, l'abbesse Isabelle-Jeanne de Saint-Agnan, voulut profiter de la présence de Sa Grandeur pour faire constater l'authenticité de toutes les reliques appartenant à sa communauté. Elle lui présenta, avec le procès-verbal du chapitre collégial de Vendôme, un buste reliquaire et deux châsses en bois doré. L'ouverture en fut faite en présence du Prélat et d'un chirurgien appelé pour constater l'identité des ossements. Tous furent reconnus conformes aux termes du procès-verbal et déclarés authentiques.

Monseigneur Néel de Christot remit lui-même dans le buste reliquaire le morceau, du chef de sainte Opportune avec l'authentique de Vendôme et le certificat de M. Pavy. Dans un des reliquaires en bois doré, il plaça l'ossement du bras gauche de la sainte ainsi que la vertèbre de l'épine dorsale, et dans l'autre il renferma l'os du bras de saint Godegrand. Enfin, après les avoir fermés, il apposa sur chacun d'eux le sceau épiscopal. Les religieuses Bénédictines, hélas ! ne devaient pas jouir longtemps de ces précieux trésors, car de tous côtés, on entendait déjà gronder sourdement l'orage de la Révolution.

CHAPITRE XIII.

Les reliques de sainte Opportune sont en grande partie perdues ou profanées pendant la Révolution. — Des lumières mystérieuses apparaissent dans le cimetière de Senlis. — A Vendôme un ossement du chef de la Bienheureuse est préservé. — Poitiers sauve son précieux reliquaire. — Les habitants de Moussy-le-Neuf et d'Almenêches mettent en lieu sûr leurs chères reliques. — Les sanctuaires dédiés à sainte Opportune sont détruits. — Epreuves et vertus des Bénédictines.

Il n'entre point dans le plan de cet ouvrage de retracer ici les horreurs de la Révolution, ni de dépeindre l'église du vrai Dieu dépouillée et persécutée, ses autels renversés, ses ministres égorgés, l'impiété trônant en reine, vomissant ses blasphèmes et l'immoralité exerçant partout ses désastreuses influences ; voyons seulement ce que devinrent, dans ces temps de désolation, les reliques de sainte Opportune et les sanctuaires où elles étaient vénérées.

Celles que possédaient le monastère de Saint-Leu-d'Esserens, le château de l'Isle-Adam et l'abbaye de Saint-Lomer de Blois, furent profanées et détruites sans qu'on ait pu en découvrir les moindres vestiges. Il en fut de même d'une côte et de plusieurs petits ossements, qui avaient été donnés par le chapitre collégial de Vendôme au monastère du Val-de-Grâce à Paris. (1)

Toutes les démarches, qui ont été faites pour savoir ce qu'étaient devenues dans la capitale la côte miraculeuse, le bras droit et les autres reliques que possédait l'église collégiale, sont aussi restées sans résultat.

Les nombreux reliquaires de l'église Sainte-Opportune-en-Retz, furent tellement brisés et profanés que les reliques, qui n'ont pas disparu, ont perdu leur authenticité.

Senlis, qui comme place très-fortifiée avait

---

(1) Monseigneur Lallemand, évêque de Séez, ayant fait beaucoup de recherches sur les reliques de saint Godegrand et de sainte Opportune, sœur Sophie, abbesse du Val-de-Grâce à Paris, lui répondit, le 19 août 1732, que son monastère possédait une côte de sainte Opportune, donnée par le chapitre de Vendôme, et de petits ossements de saint Godegrand et de sainte Opportune, renfermés dans un second reliquaire, dont elle lui envoyait le dessin avec une copie de l'acte de donation consentie en faveur de sa communauté.

offert, à différentes époques, aux reliques d'un grand nombre de diocèses, notamment de celui de Séez, un asile qu'on croyait inviolable, vit tous ces saints ossements arrachés violemment de leurs châsses et jetés dans un cimetière voisin, où ils furent enfouis pêle-mêle sous quelques pelletées de terre.

Il y a quelques années, un pieux antiquaire du Pin-la-Garenne, au diocèse de Séez, monsieur de Saint-Vincent, étant allé à Senlis faire des recherches à cet égard, des vieillards lui racontèrent que plus d'une fois on avait remarqué çà et là dans le cimetière des point lumineux très-brillants. On avait pensé généralement que ces lumières désignaient les endroits où les reliques des saints avaient été jetées. Néanmoins personne n'entreprit de les rechercher. C'est ainsi que fut perdu à tout jamais l'ossement de sainte Opportune honoré à Senlis depuis 900 ans.

La ville de Vendôme fut plus heureuse. Grâce au dévouement du concierge de l'abbaye, elle put conserver une partie des reliques qui lui avaient été confiées, entr'autres celles de la Bienheureuse. Laissons Duchemin de la Ches-

naye (1) nous raconter comment elles furent sauvées : « Dès l'année 1791, le maire de Ven-
« dôme et les syndics avaient reçu ordre de
« faire le dépouillement des églises ; les saintes
« reliques avaient été arrachées de leurs
« châsses d'or, d'argent et de vermeil. Le sieur
« Chéron, concierge de la maison de l'abbaye
« (de la Trinité), où étaient les séances du dis-
« trict, parvint à en sauver quelques unes des
« flammes, ce qu'il ne pouvait faire que quand
« il n'était pas très-surveillé. Le bûcher était
« dans la chapelle Saint-Michel, sur une
« grande tombe de pierre bleue qui en a con-
« tracté une tache ineffaçable.

« Ce concierge remettait son pieux larcin à
« sa femme ; il était facile de reconnaître ces
« reliques puisque, par un bonheur surnatu-
« rel, la plupart des ossements brûlés par un
« bout n'ont pas perdu l'étiquette en parche-
« min attachée dessus et que d'ailleurs les
« châsses étaient dépouillées à mesure en pré-
« sence du sieur Chéron. Celui-ci connaissait
« ces étiquettes, qui étaient en latin sur du
« parchemin bordé d'une petite lisière d'or, et

(1) Mémoires sur le pays Blésois.

« pouvait par conséquent assurer que telle
« relique venait de telle châsse. »

Parmi les reliques ainsi sauvées se trouva
le fragment du crâne de sainte Opportune, que
l'on vénère encore aujourd'hui à Vendôme
dans l'église de la Trinité ; mais la robe de
bure, le cilice et les autres reliques de la
Bienheureuse, qui se trouvaient dans la châsse
d'argent, devinrent la proie des flammes.

Chéron, sur son lit de mort, affirma devant
de nombreux témoins que toutes les reliques
qu'il avait remises à l'église de la Trinité
étaient véritablement telles qu'il les avait in-
diquées. « En 1806, continue Duchemin de la
« Chesnaye, messieurs Gaignot et Millet, vi-
« caires de la Trinité, firent venir de Paris,
« une grande châsse toute dorée et en firent
« hommage à l'église de la Trinité, en l'hon-
« neur de sainte Opportune, *patronne de Ven-*
« *dôme.* »

Cette châsse est encore exposée dans une
des chapelles de cette église et bien des personnes vont prier devant les reliques qu'elle
contient.

Le magnifique reliquaire de l'église Sainte-
Opportune à Poitiers, dont nous avons parlé,
put aussi échapper à la fureur révolutionnaire.

Il fut emporté secrètement dans une maison particulière où il resta caché. Longtemps après il fut remis à M. l'abbé Lacroix, curé de Montierneuf, par un de ses pénitents sur le point de mourir.

La plupart des ossements qu'il renfermait dans ses divers compartiments étaient effoliés. Seul le petit os, sur lequel était fixée la bande d'argent gravée au nom de sainte Opportune, paraissait n'avoir subi aucune altération. C'est l'église de Montierneuf qui le possède aujourd'hui.

Comment furent conservées les reliques du prieuré de Clairefontaine qui ont été données au diocèse de Séez ? Probablement aussi par le dévouement de quelque personne pieuse qui prit soin de les cacher.

Fidèles aux traditions de leurs ancêtres, les habitants de Moussy, dès qu'ils virent l'auguste chef d'Opportune exposé à la profanation, s'empressèrent de le mettre en sûreté. Gabriel Marsilly et Jean Martin, prirent la châsse qui le contenait et la portèrent chez Alexis Levasseur, greffier de la commune. Elle fut déposée avec deux autres châsses l'une de saint Godegrand, l'autre des martyrs Cante, Cantian et Cantianille (1), dans un grand coffre dont la clef fut remise aux mains de Jean Martin. Elles y sont restées jusqu'à l'époque où la paix et la liberté furent rendues au culte catholique. (2)

De leur côté, les habitants d'Almenêches ne mirent pas moins de zèle pour conserver les reliques que madame de Chambray leur avait cédées. Voyant le danger auquel elles étaient exposées, un habitant du bourg, Jean-Jacques Simon, emporta secrètement chez lui le buste où elles étaient renfermées ; il le couvrit avec grand soin d'un linge blanc et le plaça dans la cavité d'un mur qu'il revêtit aussitôt d'un enduit.

Dès que les mauvais jours furent passés, Jean Simon découvrit son précieux dépôt. M. l'abbé Ledangereux, ancien curé de Macé, qui, pendant tout le temps de la Terreur, avait, au péril de sa vie, exercé le saint ministère dans la paroisse d'Almenêches, le reçut entre

---

(1) Les martyrs Cante, Cantian et Cantianille, leur sœur, issus de la famille des Anices, l'une des plus illustres de Rome, furent décapités, à Aquilée, le 31 mai de l'an 304.

(2) L'authenticité de ces reliques a été constatée en 1826, par M. l'abbé Pruneau, chanoine, délégué à cet effet par Monseigneur de Conac, évêque de Meaux. Le procès-verbal qui fut rédigé, se trouve aux pièces justificatives D.

ses mains et le reporta lui-même dans l'église paroissiale.

Les Bénédictines d'Argentan, ne furent pas aussi heureuses. Malgré toutes les précautions qu'elles avaient prises, le buste reliquaire et les deux châsses, qui contenaient leurs précieuses reliques, disparurent sans que l'on ait jamais pu savoir ce qu'ils étaient devenus. Ont-ils été cachés ou transportés ailleurs ? ont-ils été profanés ? Impossible d'avoir sur ces questions le moindre renseignement.

Dans un des nombreux reliquaires que possède l'église Saint-Germain d'Argentan, il y a bien un petit ossement sur lequel est écrit : « sainte Opportune » ; mais cette relique n'a point de rapport avec celles dont nous déplorons la perte ; elle provient probablement du monastère des Clarisses que Margueritte de Lorraine avait fondé dans la ville d'Argentan.

Les sanctuaires de sainte Opportune ne furent pas mieux respectés que ses reliques. L'église du prieuré de Moussy fut vendue avec tous les biens qui en dépendaient et, par une déplorable profanation, elle sert maintenant de grange. D'après Michaud, (*Dictionnaire historique*) l'église collégiale de Sainte-Opportune à Paris fut détruite en 1797. Cocheris (*Histoire*

de Paris) ajoute avec encore plus de précision :
« L'église fut vendue le 24 novembre 1792 et
« démolie en 1797. »

Une rue et une place adjacente, portent encore le nom de Sainte-Opportune et, dans l'angle d'une magnifique maison, élevée sur l'emplacement de l'ancienne collégiale, M. Contour, le propriétaire actuel, a eu la pieuse pensée d'ériger une statue à la vierge d'Almenêches.

A Poitiers, la paroisse de Sainte-Opportune fut comprise parmi les 18 que la Révolution supprima. Quant à l'église, elle est restée debout et presque intacte jusqu'en 1854. Aujourd'hui on n'en voit plus aucun vestige ; seulement la rue, où elle se trouvait, continue de porter le nom de rue Sainte-Opportune.

Un décret du district, en date du 26 janvier 1791, enjoignit à Jérôme Chauvel, recteur de Sainte-Opportune-en-Retz, de quitter son bénéfice et de fermer son église. Enfin un nouveau décret du 16 janvier 1792, réunit définitivement cette paroisse à Saint-Père-en-Retz.

L'église de Sainte-Opportune-en-Retz était en grande vénération dans toute la contrée, elle servait de lieu de sépulture aux plus hauts personnages ; aussi était-elle pourvue de riches ornements et de vases sacrés du plus grand prix. Dès que le décret qui la supprimait leur fut notifié, les habitants de Saint-Louis-de-Paimbœuf et de Saint-Père-en-Retz, s'empressèrent de réclamer et de se partager son riche trésor. L'église ainsi dépouillée et tombant en ruines, fut par raison de sécurité publique démolie en 1810 ; il n'en reste plus maintenant que quelques dalles cachées sous le gazon du cimetière qui l'entourait.

Les mêmes scènes se reproduisirent à Vendôme : l'église collégiale de Saint-Georges fut profanée, l'autel de Sainte-Opportune renversé, et les magnifiques vitraux, qui rappelaient les principaux traits de sa vie, furent brisés par la fureur révolutionnaire. Mais détournons nos regards de ces actes de vandalisme et d'impiété pour les reposer sur l'attitude héroïque des victimes innocentes que la révolution dépouillait.

Lorsque Fessier, évêque schismatique du diocèse de Séez, se présenta pour la première fois dans la ville d'Argentan, on enjoignit aux religieuses Bénédictines de faire sonner en son honneur toutes les cloches de leur abbaye ; l'abbesse, madame de Castellas, s'y opposa énergiquement, malgré les menaces et les supplications. Au milieu des épreuves des plus mauvais jours, sa foi et son courage ne se démentirent jamais et toutes les sœurs, suivant l'exemple de leur digne abbesse, refusèrent, au mépris de cruels traitements, de prêter le serment constitutionnel. En vain, pendant cinq mois, l'une d'entre elles, Adélaïde Tirot, fut retenue en prison, rien ne put ébranler sa constance.

Après que le monastère et toutes ses propriétés eurent été déclarés biens nationaux, les Bénédictines durent quitter leur saint asile et se disperser. Elles se retirèrent les unes dans leur famille, les autres chez des personnes pieuses de leur connaissance et toutes, jusqu'à la mort, observèrent les règles de leur communauté.

Les Bénédictines d'Exmes ne furent pas mieux traitées que leurs sœurs d'Argentan. Quand éclata la révolution, leur prieuré n'avait point comme tant d'autres de vastes domaines et des revenus considérables, dont la vue put exciter la cupidité; mais, ce qui valait beaucoup mieux, il était riche en mérites et en vertus. Il n'en fut pas moins supprimé et les religieuses reçurent aussi l'ordre de se disperser.

Plusieurs des constructions de leur communauté et une partie de leur église servent maintenant de Gendarmerie.

On a seulement conservé le tombeau de l'une des dernières abbesses, Madame de Turbilly. Les touristes ne manquent pas de visiter ce monument dans l'ancien cimetière du prieuré et de lire cette épitaphe :

« De piété, de vertus admirable assemblage,
« Telle en ce monde était Louise de Turbilly.
« Sa belle âme est au ciel, récompense du sage,
« Sa dépouille mortelle en paix repose ici.
« Quant aux traits généreux qui feraient son
[histoire]
« L'Exmois reconnaissant en garde la mémoire. »

CHAPITRE XIV

stauration du Culte de sainte Opportune — La neuvaine à Moussy-le-Neuf. — Deux miracles récents.

~~~~~~

Après avoir inondé la France du sang le plus ur, les chefs de la Révolution, par un juste âtiment du ciel, s'étaient entr'égorgés à leur ur. Les jours de la Terreur touchaient à leur n. Pendant que les briseurs de croix et de ints expiraient misérablement, les temples u vrai Dieu se rouvraient, les fidèles relevaient s autels, les saintes reliques reprenaient leurs laces dans les églises et sous les voutes sacrées mmençaient à retentir les cantiques du Seineur.

Aussitôt que la sécurité fut assurée, les reliues de Sainte Opportune, qui avaient échappé la profanation, furent exposées à la vénéraon des fidèles et l'on vit renaître les pèlerinaes, les processions et les autres pieuses manistations en l'honneur de la Bienheureuse.

Les habitants de Moussy-le-Neuf portèrent

solennellement dans leur église paroissiale son chef auguste, qu'ils avaient pu sauver. L'église du prieuré étant supprimée, cette insigne relique allait désormais leur appartenir, à la grande joie de toute la population.

La fête de la sainte Abbesse se célébrait à Moussy-le-Neuf, comme dans l'église collégiale de Paris, avec une octave solennelle à laquelle on ajoutait un jour, pour former ce que l'on appelait la Neuvaine de sainte Opportune. Pendant ces fêtes, qui attiraient un concours extraordinaire de pèlerins, on chantait chaque jour la messe et les vêpres, souvent il y avait sermon à l'un des offices et plusieurs fois on portait les saintes reliques en procession dans la paroisse.

Après la Révolution, les habitants de Moussy se firent un devoir de fêter comme autrefois cette neuvaine, et ces pieuses solennités, qui font l'édification de la contrée, prennent chaque jour un nouveau développement. Nous ne saurions en donner une idée plus exacte qu'en empruntant à la *Semaine Religieuse* du diocèse de Maux le compte rendu qu'elle en a publié le 4 mai 1872.

« La neuvaine en l'honneur de sainte Oppor-
« tune a été célébrée cette année à Moussy-le-

Neuf avec une pompe peu ordinaire : rarement du reste les pèlerins étaient venus aussi nombreux prier devant les reliques de l'Abbesse d'Almenêches, diocèse de Séez, morte le 22 avril 770.

« A pareille époque, en 1871, l'ennemi occu-
« pait encore notre pays, et les fidèles n'avaient
« pu accourir qu'en petit nombre ; ils ont vou-
« lu compenser cette privation et c'est pour-
« quoi on les a vus en foule dans l'église qui a
« le privilège insigne de posséder la tête de la
« Sainte.

« Chaque jour de cette neuvaine plusieurs
« prêtres de notre diocèse et des diocèses de
« Versailles et de Beauvais ont été attirés par
« leur dévotion à la Vierge si populaire dans
« cette contrée ; et, pour aider le digne curé,
« l'un d'eux chantait la sainte messe et un au-
« tre célébrait dans la chaire les vertus de la
« Bienheureuse.

« Le dimanche dans la neuvaine est le jour
« où les pèlerins plus libres sont en plus grand
« nombre. Les trois nefs de l'église assez vaste
« de Moussy-le-Neuf ne pouvaient cette fois les
« contenir tous. Pendant les offices du matin et
« du soir, la fanfare de Dammartin fit entendre
« les morceaux les plus pieux de son réper-

« toire, et les jeunes filles de l'ouvroir de Mitry,
« alternant avec les instruments de cuivre,
« chantaient de leurs voix pures les morceaux
« liturgiques.

« M. le doyen de Dammartin, qui présidait
« la cérémonie à la grand'messe, adressa à l'as-
« sistance recueillie quelques paroles sur la
« sainteté et sur les moyens de l'acquérir.

« Après la messe, selon l'usage, on promena
« triomphalement en procession dans le village
« les trois châsses vénérées. Une joie religieuse
« se lisait sur les visages; et un vénérable prê-
« tre, à la vue de cette foule si respectueuse
« qui se pressait sur le passage des reliques,
« disait avec émotion après la cérémonie : Non
« la foi n'est point morte en France, l'attitude
« de ces braves gens le prouve, la foi n'est
« qu'assoupie ; de pareilles réunions sont bien
« propres à la réveiller.

« Le lundi l'assistance fut encore très-nom-
« breuse et le mercredi la neuvaine s'est termi-
« minée par un service solennel pour les mem-
« bres défunts de la confrérie plusieurs fois
« séculaire de sainte Opportune. » (1)

(1) Chacun dans le pays se fait gloire d'appartenir à cette confrérie. Tous les dimanches à l'issue de la messe parois-

De son côté l'illustre Vierge fait sentir à ces contrées qu'elle n'a rien perdu de sa puissance et de son crédit auprès de Dieu. Nous nous contenterons d'en rapporter ici comme preuve deux faits arrivés à Moussy depuis peu d'années.

Nous les transcrivons tels que M. l'abbé Laviron, le vénérable curé de Moussy, nous les a rapportés.

« Pendant que j'étais vicaire de Dammartin
« près Moussy, j'entendis parler d'un miracle
« qui s'était opéré quelques années auparavant,
« pendant la neuvaine de sainte Opportune, en
« faveur d'une jeune personne malade. A mon
« arrivée comme curé de Moussy, n'ayant rien
« trouvé concernant ce fait extraordinaire at-
« testé par les habitants, je me mis à la recher-
« che de la personne guérie et j'eus bientôt dé-
« couvert sa paroisse. Cette jeune fille était de
« Louvres (Seine-et-Oise) ; le fait s'était passé
« en 1851. Voici la déposition qu'elle fit elle-
« même à son curé :

« J'avais à peu près neuf ans et demi, lorsque

---

siale on chante l'antienne, le verset et l'oraison de sainte Opportune pour les associés vivants et, chaque année après les fêtes du 22 avril, on fait un service pour les membres défunts.

« je fus prise d'un grand mal à la cheville du
« pied droit, qui m'obligea de marcher avec
« des béquilles. Les plus célèbres médecins de
« Paris consultés furent tous d'avis qu'une am-
« putation était nécessaire. Déjà le jour en était
« pris, lorsque me vint l'idée de faire le voyage
« de Moussy-le-Neuf pour prier sainte Oppor-
« tune d'obtenir ma guérison. Pleine de con-
« fiance je me mis en route, montée sur un âne
« et accompagnée de mes parents. J'avais alors
« près de treize ans.

« Arrivée à Moussy-le-Neuf, je me dirigeai
« vers l'église; on allait commencer la messe
« de la neuvaine. A l'aide de mes béquilles et
« soutenue par mes parents, je montai la nef
« jusqu'auprès des saintes reliques. Je priais
« de tout mon cœur, lorsqu'au moment de l'É-
« vangile je sentis un frisson me passer par
« tout le corps et aussitôt je me sentis guérie.
« Dès ce moment mes béquilles furent mises
« de côté et je pus marcher sans éprouver
« aucune douleur. Il y avait beaucoup de monde
« à l'église ; ce ne fut qu'une voix pour crier :
« Oh! miracle! Des larmes de joie coulaient de
« tous les yeux. Signé : Ursule Poiret. Certifié
« conforme à la déposition, Toussaint, curé de
« Louvres.

« Voici maintenant, continue M. le curé de
« Moussy, un autre fait qui s'est passé sous mes
« yeux. Le lundi 6 mai 1867, un de mes pa-
« roissiens âgé de 26 ans, homme d'une force
« remarquable, qui plusieurs fois avait tenu un
« langage peu chrétien sur sainte Opportune
« et les honneurs qu'on lui rendait, et qui ne
« croyait point au pouvoir des saints, ni même
« à l'autre vie, se présenta pour porter la
« châsse de la Sainte, précisément en face de
« l'ancienne église Sainte-Opportune.

« Bien que légère par elle-même, la châsse
« lui devint si lourde qu'il pliait petit à petit
« sous le poids et il serait tombé, si une autre
« personne ne fut venue le remplacer. En pré-
« sence de plus de six cents pèlerins, il avoua
« qu'à ce moment la châsse lui pesait plus de
« cinq mille livres. Si ce poids est exagéré, du
« moins il indique qu'il dépassait les forces or-
« dinaires d'un homme. Au reste, ajouta-t-il,
« je n'ai que trop mérité cette punition. Pen-
« dant tout le reste de l'office il demeura, pâle
« comme un mort et il versa des larmes abon-
« dantes. »

Il y a tout lieu de croire que, si l'on eût pris
soin de consigner par écrit tous les faits miraculeux arrivés à Moussy pendant ces fêtes, qui re-

montent à un temps immémorial, nous aurions à enregistrer beaucoup d'autres merveilles de ce genre. (1)

---

(1) On chante à Moussy en l'honneur de sainte Opportune un cantique très-populaire, nous le donnons parmi les pièces justificatives. (E)

CHAPITRE XV.

Dernier coup d'œil sur Poitiers et Saint-Père en Retz. — Opportune prend possession de la magnifique église de Lessay. — Affluence des pèlerins en ce sanctuaire. — La famille spirituelle d'Opportune est continuée par les Bénédictines d'Argentan.

En supprimant à Poitiers et à Saint-Père-en-Retz les paroisses dédiées à sainte Opportune, la Révolution ne réussit pas mieux qu'à Moussy à détruire le culte de notre sainte Abbesse si profondément enraciné dans ces contrées.

L'église Notre-Dame-la-Grande, à qui fut réunie la majeure partie de la paroisse Sainte-Opportune de Poitiers, lui consacra une de ses chapelles. Chaque année, le 22 avril, jour de sa fête, on y donne le salut du Saint-Sacrement, et tout le diocèse fait sa mémoire dans l'office liturgique.

Depuis quelques années les religieuses de la *Miséricorde*, établies à Poitiers, ont pour chapelle un des bas-côtés de l'ancienne église

Saint-Cybard. En laissant à l'église son titulaire, Monseigneur Pie, évêque de Poitiers, donna aux religieuses, sainte Opportune pour protectrice spéciale. Heureux de satisfaire à leurs pieux désirs et enrichir leur sanctuaire, l'évêché de Séez leur a envoyé un fragment des reliques de l'illustre vierge, qu'elles entourent d'une si tendre dévotion.

A Saint-Père-en-Retz nous retrouvons des souvenirs encore plus vivaces du culte de sainte Opportune. Sur l'emplacement de son ancien prieuré, un élégant chalet, habité par une famille éminemment chrétienne a été élevé sous les auspices de la Sainte et son image orne la façade principale de l'édifice. Dans l'église paroissiale son autel et sa statue sont d'une rare beauté. On y célèbre la sainte messe le jour de sa fête et souvent de pieux fidèles viennent réclamer sa bienveillante protection et déposer leurs offrandes à ses pieds.

La paroisse possède une bannière à l'effigie de sainte Opportune, et, lorsqu'aux jours de processions le cortège arrive près du cimetière de son ancienne église, la foule des fidèles chante par trois fois : « *Sancta Opportuna, ora pro nobis.* » Le soir de la Toussaint, la procession, dite des trépassés, se rend au cimetière de Sainte-Opportune ; enfin les registres de l'église prouvent que bon nombre de paroissiennes l'ont reçue pour patronne au jour de leur baptême.

Tout dernièrement l'église de Saint-Père a reçu d'Almenêches des reliques authentiques de la sainte Abbesse. Aujourd'hui elle élève une nouvelle et vaste église dont sainte Opportune à déjà pris possession et où elle sera honorée comme seconde patronne.

Les anciennes traditions vont donc revivre et ce culte, rajeuni pour ainsi dire, ne pourra manquer de porter les fruits les plus précieux dans un terrain si bien préparé.

De son côté, Lessay ne nous offre pas un spectacle moins édifiant. Il est vrai, comme nous l'avons dit précédemment, que son antique église de sainte Opportune tombant en ruines avait été détruite en 1793. De ce sanctuaire, consacré pendant plus de 700 ans par tant de grâces merveilleuses, il ne restait rien, au commencement du XIXe siècle, sauf le cimetière qui l'entourait et qui avait été conservé pour servir de lieu de sépulture aux habitants du voisinage. Mais loin de disparaître avec l'édifice matériel la dévotion à sainte Opportune n'a fait que grandir de jour en jour dans cette contrée.

A quelque distance de l'église paroissiale se trouvait la magnifique église des Bénédictins de Lessay, l'un des plus précieux monuments de l'architecture romane. Privée par la révolution de ses légitimes propriétaires, elle semblait aspirer à quelque glorieuse destination, qui fît revivre sa première splendeur.

Déjà elle avait offert un asile à la statue vénérée d'Opportune, lorsqu'elle avait quitté son sanctuaire près de s'écrouler ; mais ce n'était point assez pour la piété générale. Transporter dans ce superbe édifice le culte de la Bienheureuse, le lui consacrer entièrement, en un mot en faire une église paroissiale dédiée à sainte Opportune, tel était en particulier le but de toutes les aspirations d'un vénérable prêtre, confesseur de la foi, dont la mémoire est en bénédiction dans toute la contrée, M. Lamy, curé-doyen de Lessay. A force de zèle et de démarches il parvint à les réaliser.

Toutefois cette église, ayant été érigée sous le vocable de la Sainte-Trinité, ne pouvait changer de titulaire. Mais sainte Opportune n'en fut pas moins regardée comme la patronne, parce que, de temps immémorial, elle avait le titre de patronne de la paroisse (*Patrona loci.*)

Dès qu'elle eut pris possession de son temple, les pèlerins y affluèrent de toutes parts, afin d'obtenir son secours dans toutes leurs nécessités, et spécialement la conservation de leurs récoltes et la préservation des épidémies.

C'est de ce sanctuaire que montent aujourd'hui vers le trône de l'auguste Abbesse, les prières de milliers de pèlerins, et, en certains jours, plusieurs centaines de cierges brûlent en son honneur. C'est là aussi que la douce Opportune, accueillant les vœux qui lui sont adressés se plaît à manifester sa protection sur tout le pays et à le combler de ses insignes faveurs.

Signalons encore en terminant ce chapitre, une dernière et importante restauration. Les anciennes Bénédictines d'Almenêches, avaient eu leurs maisons pillées et vendues dans la ville Exmes et d'Argentan. Elles-mêmes avaient été chassées et disséminées de tous côtés par la révolution. En 1822, il n'en restait plus que quatre, et parmi elles Adélaïde Tirot, qui avait été si cruellement persécutée.

Ces quatre religieuses, profitant de la liberté d'association qui leur était rendue, se réunirent à Vimoutiers sous la direction de M. l'abbé Rosey et de madame de Courmenil.

Peu à peu quelques personnes, attirées par leurs vertus, étant venues s'adjoindre à elles, pour suivre les règles de leur communauté, elles quittèrent Vimoutiers et virent se fixer à Argentan dans le quartier Saint-Jacques. C'est là qu'elles continuent, suivant la règle de Saint-Benoît et les usages d'Almenêches, la famille spirituelle de sainte Opportune et se consacrent, avec autant de succès que de dévouement à l'éducation des jeunes personnes.

« La volonté de Monseigneur, dit M. l'abbé
« Rosey dans ses précieuses notes, est qu'on
« ajoute au bréviaire du diocèse les Saints de
« l'ordre Bénédictin, tel qu'on le faisait dans
« l'ancienne abbaye d'Almenêches, à laquelle
« ces dames succèdent étant rassemblées et
« établies par des religieuses sorties de
« l'abbaye. »

Comme leurs mères d'Almenêches, les Bénédictines d'Argentan nomment sainte Opportune dans le *Confiteor* et lui témoignent une vénération toute filiale. Dernièrement elles ont eu le bonheur de se procurer un fragment de ses reliques, et un Indult du Souverain Pontife Pie IX, en date du 10 mars 1870, les autorise à célébrer chaque année la fête de sainte Opportune sous le rit double de première classe avec octave.

CHAPITRE XVI.

Almenêches après la révolution. — Une impiété punie. — Les processions au Pré-Salé recommencent. — Châtiments visibles. — Une jeune fille aveugle recouvre subitement la vue. — Translation des reliques de saint Godegrand à Almenêches. — Développement du culte de sainte Opportune dans le diocèse de Séez. — Guérison d'une novice de la Providence de Séez. — Pie IX favorise la dévotion à sainte Opportune et l'enrichit d'indulgences.

—⁂—

Le génie de la destruction ne s'était point trop appesanti sur Almenêches pendant la tourmente révolutionnaire. A l'intérieur de l'église les groupes charmants des rétables, l'autel de sainte Opportune, et son tombeau commémoratif avaient été respectés ; à l'extérieur, sur le sommet de la rampe qui couronne le frontispice, la bonne Abbesse dominait encore la contrée et paraissait la couvrir de sa maternelle protection. En un mot Almenêches restait digne de son nom : « *Almœmonachœ* » le pays des bonnes religieuses formées à l'école de sainte Opportune. (1)

Cependant un acte public d'impiété s'y était produit, mais le châtiment avait été prompt et terrible.

A l'extrémité du sentier reservé pour accéder au *Pré-Salé*, et dont nous avons parlé précédemment, se trouvait une croix, communément appelée la croix de sainte Opportune. Aux jours de la Terreur, deux frères, qui habitaient une paroisse voisine, vinrent pour la briser. A peine ont-ils accompli leur dessein sacrilège que l'un et l'autre tombent perclus de leurs membres. De longues années après, chargés du mépris et de la réprobation de toute la

---

(1) Cette étymologie est tirée de *l'office propre des fêtes du monastère d'Almenêches* page 32. Voici le passage : « Cœnobium olim monasteriolum nuncupatum, ob sanctitatis titulum quem moniales ibidem Deo servientes sortitæ erant, Almonacharum a Neustriæ incolis nomen hæreditavit. » « Cette abbaye appelée autrefois petit monastère a reçu des habitants, à cause de la sainteté des religieuses qui y servent le Seigneur le nom de Almenêches : » Claude Malingre (antiquités de Paris 1640 liv. 3, p. 534) donne la même signification au mot Almenêches et appuyé sur l'autorité de Surius, il fait sur ce sujet une savante dissertation qu'on nous dispensera de reproduire et même d'analyser.

contrée, ils moururent dans des souffrances inouies en poussant des cris, on dit même des aboiements, épouvantables.

Les processions immémoriales au *Pré-Salé*, interrompues en 1793, recommencèrent de bonne heure, même avant la fin des mauvais jours. Pour se rendre populaire et gagner les sympathies de la paroisse, M. Decaux, curé constitutionnel d'Almenêches, ne trouva point de meilleur moyen que de chercher à les rétablir, en portant lui-même, aux jours de processions, le buste reliquaire de sainte Opportune.

Peu de temps après, le légitime pasteur, M. l'abbé Dalmenêches, dont la mémoire est encore en bénédiction dans le pays, fut rendu à l'affection de son cher troupeau et, depuis cette époque jusqu'à nos jours, les processions au *Pré-Salé* ont continué sans interruption.

Toutefois une difficulté se présentait. Pendant la révolution le *Pré-Salé*, comme tous les autres biens du monastère des Bénédictines, avait été vendu, sans que l'on eût réservé un droit de passage pour les processions annuelles. Il fallait chaque année obtenir la permission des propriétaires. Habituellement ils s'y prêtaient de bonne grâce, comme à l'accomplissement d'un devoir sacré.

Cependant à une certaine époque, la famille qui possédait le *Pré-Salé* voulut, au grand scandale de tout le monde, tenir les barrières du pré fermées, le jour de la Trinité, et ne laisser entrer personne sur son terrain pour la procession.

Ce refus, que dès lors on regarda comme une impiété, ne resta pas impuni. Des témoins oculaires nous affirment que l'année suivante, quoiqu'il y eût beaucoup d'herbe dans les prairies environnantes, la terre était presque nue dans le *Pré-Salé*. Peu de temps après, le propriétaire mourut tristement ; quelques années plus tard, son épouse tomba à la renverse dans un brasier ardent et ne survécut qu'une quinzaine de jours en proie aux plus atroces douleurs. Leur fille les suivit de près. En vaquant aux soins de son ménage elle s'affaisse subitement, on s'empresse de la relever ; elle était morte.

Afin d'obvier à toute difficulté, et d'assurer à tout jamais le passage des processions dans le *Pré-Salé*, un acte, passé au notariat d'Almenêches en l'année 1862, donne à perpétuité à la fabrique d'Almenêches le droit de procession trois fois par an, selon l'usage qui est aujourd'hui en vigueur.

Comme on le voit, nous sommes maintenant en pleine histoire contemporaine et chaque fait se présente à nous autorisé par de nombreux témoins encore vivants. Le premier que nous rencontrons est la guérison d'une jeune fille aveugle.

En 1841 Joséphine-Désirée Deloraille, de la paroisse de Marmouillé, âgée de huit ans, était devenue complètement aveugle à la suite d'une maladie. Tous les remèdes de l'art employés pour la guérir étaient restés impuissants.

Sa mère, ancienne habitante d'Almenêches, avait conservé une grande confiance en sainte Opportune. Navrée de douleur, elle résolut de solliciter auprès de Dieu par son intercession une faveur qu'elle ne pouvait attendre du secours des hommes. Elle vint donc à Almenêches demander une neuvaine de prières et l'offrande du saint sacrifice en l'honneur de sainte Opportune, pour obtenir la guérison de sa chère enfant.

Le jour même où la neuvaine finissait et où la messe fut célébrée sur l'autel de la Bienheureuse, la jeune fille recouvra l'usage de la vue. Comme sa tante, chez qui elle demeurait, n'osait croire à une grâce si merveilleuse, la petite Joséphine lui désignait les divers objets qu'elle voyait dans la maison : la guérison était complète.

Huit jours après, cette heureuse famille allait à Almenêches témoigner à sa bienfaitrice une juste reconnaissance et demander une messe d'action de grâces.

En 1847, une mission donnée dans l'église d'Almenêches fut mise sous la protection spéciale de sainte Opportune. Elle obtint un plein succès, et en rallumant dans les âmes la foi et la charité, elle donna aussi un nouvel accroissement à la dévotion pour notre sainte Abbesse.

Afin d'encourager et de développer cet élan religieux, Monseigneur Charles-Frédéric Rousselet, évêque de Séez, fit don à l'église d'Almenêches d'une relique de saint Godegrand, et il daigna lui-même l'accompagner jusqu'à sa destination.

A cette occasion, il y eut dans le *Pré-Salé* une cérémonie splendide, dont le pays ne perdra jamais le souvenir. Le clergé de la ville épiscopale, le grand et le petit séminaire, les diverses communautés religieuses de Séez et une foule innombrable de fidèles accompagnèrent le Prélat vénéré et suivirent processionnellement, les reliques du glorieux frère d'Opportune.

De leur côté, les habitants d'Almenêches et des paroisses environnantes, avec le clergé de toute la contrée, portant comme en triomphe le buste de leur auguste Vierge, vont à la rencontre du saint Martyr, qui, après cent ans d'absence, revient au milieu d'eux.

Impossible de d'écrire l'enthousiasme de cette foule pieuse, au moment solennel où le frère et la sœur, si intimement unis dans les cieux, se réunissent de nouveau sur la terre et reçoivent ensemble les hommages d'un pays que, onze cents ans auparavant, ils avaient édifié par leurs vertus et favorisé par leurs miraculeux bienfaits.

Après que des milliers de voix ont ensemble répété les invocations : *Sancta mater Opportuna*, et *Sancte Godegrande, ora pro nobis*, on entonne l'hymne *Sacræ stupenda Virginis*, puis les litanies de sainte Opportune; et, au milieu de ces chants populaires, la procession se rend au *Pré-Salé*. Une estrade et un autel y avaient été préparés à l'avance. Pendant la messe pontificale, tour à tour la musique instrumentale et le concert vocal du petit séminaire de Séez, charment de leurs pieux accords l'assistance recueillie. Des larmes de bonheur témoignent plus éloquemment que toute expression, ce qui se passe au fond des cœurs. (1)

Le retentissement de cette grande cérémonie, les notices populaires qui furent publiées à cette occasion sur Almenêches et sa glorieuse Abbesse, réveillèrent les anciens souvenirs et donnèrent dans tout le diocèse, un nouvel essort au culte de sainte Opportune. D'un autre côté, un fragment considérable de ses reliques venu de l'Evêché de Versailles, et distribué en plusieurs églises et chapelles favorisa ce mouvement. Les paroisses de Damigny près Alençon, de Sainte-Opportune près Athis, le petit séminaire de Séez, les communautés de la Providence et de la Sainte-Famille à Séez, celle de l'Immaculée-Conception de Briouze et même bon nombre de maisons particulières reçurent une part de ces restes vénérés, qui partout furent regardés comme un trésor inestimable et entourés d'un religieux respect. (2)

---

(1) On trouvera aux pièces justificatives F une belle cantate, qui fut composée pour cette solennité par M. Roche, élève au petit séminaire de Séez. Les couplets furent chantés alternativement par le chœur de Séez et par celui d'Almenêches, sur l'air : *Celebrons ce grand jour*.

(2) Le grand séminaire de Séez possède aussi plusieurs petits ossements de sainte Opportune qui paraissent avoir

En un mot cette dévotion bénie, faisait chaque jour des progrès sensibles, le pélerinage d'Almenêches devenait plus fréquenté, Opportune était plus souvent invoquée et, de tous côtés, on voyait sa gracieuse image et les principaux traits de sa vie reproduits sur les verrières des édifices religieux, tels que l'église d'Almenêches et les élégantes chapelles du grand séminaire de Séez, de l'Immaculée-Conception de Briouze et de la Providence de Séez.

Cette dernière communauté, la première du diocèse qui se soit consacrée à l'éducation des jeunes filles dans les paroisses et, qui maintenant ne compte pas moins de cent établissements, a donné, en toutes circonstances, des preuves non équivoques de sa dévotion spéciale pour sainte Opportune. Outre les hommages journaliers que les religieuses lui rendent, chaque année toutes les novices viennent en pèlerinage à Almenêches, pour obtenir par son entremise, les vertus des saintes épouses de Jésus-Christ.

fait partie de la main. Ils lui ont été donnés, selon toute vraisemblance, pour reconnaître le zèle et le dévouement que M. l'abbé Pavy, son fondateur, avait mis en apportant ces reliques de Vendôme à Almenêches.

Beaucoup de faveurs précieuses ont été la récompense de cette piété filiale. Citons seulement une de ces grâces accordée en 1858, ou plutôt laissons la parole à celle qui en fut l'objet.

« Depuis plusieurs années, nous écrit-elle, « j'étais tourmentée par une toux sèche et « opiniâtre, qui finissait par épuiser ma santé, « déjà si faible. En vain avait-on employé plu-« sieurs remèdes, lorsqu'on me conseilla d'avoir « recours à sainte Opportune. J'avoue que « l'idée ne me souriait qu'à moitié, ne me sen-« tant point de dévotion à cette sainte. Cepen-« dant je cédai aux instances qui me furent « faites et après m'être préparée de mon mieux « à la sainte communion, accompagnée d'une « de mes maîtresses, je fis le pèlerinage de « sainte Opportune. Nous entendîmes la sainte « messe et je communiai à l'autel où ses reli-« ques reposaient. A partir de ce moment la « toux jusqu'alors si intense, diminua notable-« ment et ma santé si débile, s'est fortifiée au « point que je puis maintenant non seulement « remplir mon obédience, mais suivre en tout « point les exercices de notre règle. »

Pour perpétuer la mémoire de ce bienfait, un ex-voto a été placé à l'autel de Sainte-

Opportune, dans l'église d'Almenêches.

Le souverain Pontife Pie IX, a daigné lui-même encourager le culte de sainte Opportune par une faveur insigne, donnée à l'église d'Almenêches. Un Bref du Très-Saint-Père, en date du 29 juillet 1867, accorde pour chaque année, pendant dix ans, trois indulgences plénières aux personnes qui visiteront l'église paroissiale d'Almenêches, aux jours de Pâques, de la Pentecôte et de la Trinité, ou pendant, l'Octave de ces fêtes. En voici la teneur :

Pie IX, Pape.

« A tous les fidèles du Christ, qui les présen-
« tes lettres verront salut et bénédiction apos-
« tolique.

« Appliqué avec une tendre charité à favori-
« ser la dévotion des fidèles et le salut des
« âmes, au moyen des trésors de l'église, Nous
« accordons miséricordieusement dans le Sei-
« gneur à tous les fidèles de l'un et de l'autre
« sexe qui, vraiment contrits, confessés et
« nourris de la sainte Eucharistie, visiteront
« dévotement l'église paroissiale d'Almenê-
« ches au diocèse de Séez, les dimanches de la
« Pentecôte et de la sainte Trinité et un autre

jour déterminé par l'ordinaire (1) ou l'un des sept jours qui les suivront immédiatement, à leur choix chaque année, et prieront pour la concorde des princes chrétiens, l'extirpation des hérésies et l'exaltation de notre mère la sainte Église, l'indulgence plénière et la rémission de tous leurs péchés, avec la faculté de l'appliquer par mode de suffrage aux âmes des fidèles qui au moment de la mort étaient unis à Dieu par la charité.

« Ces présentes ne sont valables que pour dix ans.

« Donné à Rome près Saint-Pierre sous l'anneau du Pêcheur, le 29 juillet 1867, la 22ᵉ année de notre Pontificat » (2).

---

(1) Monseigneur l'Évêque de Séez a fixé le saint jour le Pâques.

(2) Le texte latin de ce Bref se trouve aux pièces justificatives. G.

CHAPITRE XVII.

Un lundi de Pâques à Almenêches. — Erecion d'une chapelle dans le *Pré-Salé*. — Almenêches est merveilleusement protégé au passage des Prussiens. — Grâces extraordinaires. — Monseigneur l'évêque de Séez bénit la chapelle du *Pré-Salé*. — On y transfère les reliques de sainte Opportune. — Conclusion.

C'était le lendemain de Pâques, (5 avril 1847) qu'avait eu lieu la translation des reliques de saint Godegrand à Almenêches. Pour en perpétuer le souvenir, depuis cette époque, le lundi de Pâques, on fait au *Pré-Salé* une procession plus solennelle même que celles du 22 avril et de la Trinité. Messieurs les directeurs et messieurs les abbés du grand séminaire, avec le clergé des paroisses voisines, viennent rehausser de leur présence l'éclat de cette manifestation religieuse et, de tous les environs, les fidèles accourent y prendre part.

« Nulle fête mondaine, dit la *Semaine Catholi-*
« *que* de Séez, en rendant compte d'une de ces
« processions, ne parle au cœur et ne fait du

« bien comme un lundi de Pâques à Almenê-
« ches ! Qu'on se figure cette belle et vaste
« église du xvie siècle, si bien conservée et si
« richement ornée. De chaque côté du sanc-
« tuaire, les bustes, qui renferment les pré-
« cieuses reliques de sainte Opportune et de
« saint Godegrand, reposent entourés de flam-
« beaux, sur des brancards habilement prépa-
« rés. Quatre vingt quinze ecclésiastiques oc-
« cupent le chœur et le sanctuaire ; dans la
« chapelle de la sainte Vierge, sont rangées
« les jeunes filles, vêtues de blanc. Le transept
« la nef et toutes les issues, sont remplis d'une
« foule compacte et attentive. Les voûtes re-
« tentissent du chant des psaumes et les voix,
« à la fois si graves et si harmonieuses, de Mes-
« sieurs les abbés du grand séminaire, capti-
« vent, ravissent l'assistance. »

Après les vêpres, lorsque s'opère le défilé de la procession, il semble qu'un religieux frémissement parcourt les rangs à mesure que les saintes reliques s'avancent. Impossible de dire avec quelle foi, quel amour, elles sont saluées par les assistants.

Qu'il est beau aussi, qu'il est sublime le spectacle qu'offre cette foule recueillie, dans le *Pré-Salé* ! Dès que les antiennes et oraisons de saint Godegrand et de sainte Opportune, sont chantées, et les encencements de leurs reliques terminés, tous en un instant tombent à genoux et baisent avec respect cette terre consacrée par un éclatant miracle. En face de ces pieuses et naïves démonstrations, l'impiété pourra avoir des paroles d'ironie et de dédain, mais quiconque veut apprécier les sentiments de religion qui les inspirent, ne peut leur refuser son admiration.

Quoique depuis plus de mille ans, le *Pré-Salé* fut l'objet de la vénération publique et le but de processions annuelles, aucun monument religieux ne le distinguait des prairies voisines et ne rappelait la mémoire de l'illustre servante de Dieu.

La dévotion toujours croissante des fidèles pour sainte Opportune fit naître la pensée d'y élever une chapelle en son honneur. Cette idée éminemment chrétienne et patriotique, émise en l'année 1869, fut encouragée par l'autorité diocésaine et reçut partout le plus favorable accueil. Chacun s'empressa de souscrire pour l'érection de ce sanctuaire et, dès que le terrain nécessaire fut assuré, les ouvriers se mirent à l'œuvre.

Un Indult de la sacrée Congrégation des

Rites, en date du 20 mars 1867, autorise à perpétuité l'église d'Almenêches à célébrer solennellement la fête de sainte Opportune, le dimanche qui suit le 21 avril, à moins que ce dimanche ne soit privilégié ou qu'il ne se rencontre en ce jour un double de première classe. Usant de ce privilège, Almenêches faisait l'office solennel de sainte Opportune, le dimanche 25 avril 1869 ; ce même jour fut choisi pour bénir la première pierre de la chapelle du *Pré-Salé*.

La *Semaine Catholique du diocèse de Séez* ayant reproduit les détails de cette belle cérémonie, nous allons les lui emprunter.

« Un long défilé d'enfants portant un cierge
« à la main, l'éclat des ornements, les reliques
« de sainte Opportune portées par quatre jeu-
« nes personnes vêtues de blanc et celles de saint
« Godegrand par quatre diacres en aube, les
« chants, à la fois si graves et si mélodieux,
« éxécutés par Messieurs les abbés du grand
« séminaire, plus de cent ecclésiastiques en
« habit de chœur, l'affluence immense des
« fidèles accourus des paroisses environnantes,
« le bon ordre et la bonne tenue qui régnaient
« partout, ont fait de cette cérémonie, une des

« plus belles qui depuis longtemps ont été vues
« dans la contrée.

« Arrivée au *Pré-Salé*, la procession s'est
« rangée autour de l'édifice, qui commençait à
« sortir de terre. Monsieur l'abbé Provost,
« curé de Rânes (1), a pris la parole avec ce
« rare talent que tout le monde lui connaît et
« qui toujours est au-dessus des circonstances.
« Ne pouvant reproduire son discours en entier,
« nous essaierons seulement d'en donner l'ana-
« lyse.

« A quelques pas d'ici, à l'ombre du sanc-
« tuaire, s'élevait un de ces monastères où pen-
« dant bien des siècles s'étaient abritées l'in-
« nocence et la prière. J'aperçois d'ici les mu-
« railles bientôt écroulées de son enceinte. Un
« nom qui vous est cher et fait votre gloire,
« plane toujours sur ces débris, et la contrée
« n'a point oublié les vertus et les miracles de
« la vierge Opportune. L'orage révolutionnaire
« a renversé ces murs comme tant d'autres;
« l'heure de la restauration complète sonnera-t-
« elle un jour ? L'avenir le dira et Dieu seul en
« connait les secrets ; mais en attendant ne fal-
« lait-il pas qu'un monument, si modeste qu'il

(1) Actuellement archiprêtre de Mortagne.

« fût, rappelât ces grands souvenirs et rattachât
« l'avenir au passé ? Ce fut la pensée du pasteur
« que Dieu vous avait ménagé, pensée qui
« trouva bientôt écho dans quelques âmes gé-
« néreuses, et de cette pensée est née cette cha-
« pelle dont la première pierre va bientôt re-
« cevoir la bénédiction de l'église.

« Si l'œuvre est inspirée de Dieu, l'emplace-
« ment où s'élèvera le monument ne me paraît
« pas moins heureusement choisi. Je n'ai pas
« besoin de vous dire que *Pré-Salé* rappelle l'un
« des plus connus, mais aussi l'un des plus
« singuliers miracles d'Opportune : et qui n'y
« verrait l'aimable condescendance que mon-
« tre pour ses Saints Celui dont le prophète a
« dit : *Voluntatem timentium se faciet et depre-
« cationem eorum exaudiet* : il fera la volonté de
« ceux qui le craignent et il exaucera leurs
« prières ?

« L'injuste ravisseur de l'humble animal, qui
« servait aux besoins du monastère, déclare
« qu'il ne le rendra que quand le pré, où sainte
« Opportune le reclame, sera couvert de sel, et
« le lendemain une épaisse couche de sel cou-
« vrait la terre que vous foulez en ce moment.

« La science orgueilleuse, qui refuse à Dieu
« d'intervenir par un miracle dans le cours des

« choses humaines, a sans doute souri plus
« d'une fois et sourira encore en entendant ra-
« conter ce fait. Eh bien ! j'aime que votre pas-
« teur ait choisi cette page de la vie de sainte
« Opportune pour la traduire en un monument
« durable destiné à en perpétuer le souvenir.
« J'aime qu'en choisissant ce lieu pour y ériger
« une chapelle il ait porté ce défi à l'esprit
« sceptique et railleur du siècle, et c'est vous
« qui le portez avec lui, car le miracle du *Pré-*
« *Salé* a traversé plus de dix siècles, défendu
« contre toutes les attaques par la foi de vos
« pères et la vôtre, et votre présence ici est une
« énergique et courageuse protestation de votre
« croyance persévérante à cette douce et pa-
« triotique tradition.

« Sur le lieu couvert autrefois d'un sel mys-
« térieux par la prière de notre Sainte, s'élè-
« vera donc maintenant un nouveau sanctuaire.
« Vous y viendrez respirer le parfum des gran-
« des vertus dont ces lieux furent témoins et
« vous en montrerez le chemin aux générations
« qui viendront après vous.

« Rien de plus naturel que le sentiment qui
« nous amène aux lieux consacrés par la pré-
« sence des Saints. L'un de nos agiographes
« modernes l'a dit avec autant de vérité que de

« délicatesse : « On ne saurait imaginer, si l'on
« n'est pas chrétien, le charme ineffable que
« l'âme éprouve en parcourant les lieux où les
« Saints ont vécu. Il semble qu'ils ont laissé
« quelque chose d'eux-mêmes aux lieux qui
« les ont vus, comme ces fleurs qui communi-
« quent leurs parfums à tout ce qui les en-
« toure. C'est peut-être une illusion, mais on
« se surprend à penser qu'ils nous sourient du
« haut du ciel, pendant que nous visitons les
« débris de leur habitation terrestre, et on at-
« tribue à leurs regards ces douces émotions
« dont on se sent énivré. » (l'abbé Bougaud,
Vie de sainte Chantal.)

« Après ce discours, qui fut écouté avec la plus profonde attention, M. l'abbé de Fontenay, vicaire général et supérieur du grand séminaire de Séez, le premier comme aussi l'un des plus généreux bienfaiteurs de l'œuvre, bénit solennellement la première pierre, et la quête qui se fit pendant la cérémonie prouva de plus en plus que les sympathies de la contrée étaient acquises à ce sanctuaire. »

Le Seigneur a daigné bénir visiblement cette entreprise, et, comme pour montrer qu'elle lui était agréable, sainte Opportune a manifesté bien des fois sa merveilleuse protection en faveur de la paroisse d'Almenêches et des personnes qui se sont intéressées à la chapelle du *Pré-Salé*.

Citons seulement quelques faits.

Aux jours néfastes de l'invasion prussienne, la paroisse d'Almenêches a été, au dire de tous, comme miraculeusement préservée. Déjà l'armée du duc de Mecklembourg avait envahi l'extrémité du département de l'Orne, et les plus sinistres rumeurs arrivaient de tous côtés. Au milieu de cette alarme générale les habitants d'Almenêches tournent leurs regards vers leur protectrice accoutumée. Pour lui témoigner leur amour, pour lui élever un sanctuaire, ils venaient de faire de généreux sacrifices, les abandonnera-t-elle à la merci d'un ennemi qui sème partout sur son passage le deuil et la ruine ? Ils connaissent trop bien leur bonne Sainte pour s'arrêter à cette horrible pensée et pour laisser l'espérance s'évanouir de leurs cœurs.

Voulant toutefois la mettre comme en demeure de les secourir, une personne émet l'ingénieuse idée d'organiser, sous forme de vœu conditionnel, une souscription en faveur de la chapelle du *Pré-Salé*. Elle fut rédigée en ces termes :

« Au salut de la France et à la gloire de
« sainte Opportune.

« Afin d'éloigner les malheurs qui menacent
« le pays et de témoigner leur confiance dans
« la puissante protection de sainte Opportune,
« les personnes soussignées s'obligent devant
« Dieu à donner pour la chapelle du *Pré-Salé*
« les sommes ci-dessous désignées, à la condi-
« tion expresse que les ennemis ne pilleront
« pas leurs maisons. »

Bientôt cinquante-sept familles furent ainsi placées sous la protection spéciale de sainte Opportune ; leurs offrandes réunies s'élevaient à la somme de mil huit cent cinquante-un francs.

Tant de confiance et de dévouement pouvaient-ils rester sans résultat ? Les villes du Mans et d'Alençon étaient prises et l'ennemi avançait à grandes journées. Cependant on espérait toujours. Enfin les premiers uhlans ont franchi les limites de la paroisse et plusieurs colonnes prusiennes sont signalées.

D'un autre côté on voit arriver à chaque instant des éclaireurs français détachés d'une armée de cinquante mille hommes campée à trois lieues, près d'Argentan. La moindre rencontre peut amener un conflit et Almenêches deviendrait le théâtre d'un sanglant combat. Alors humblement prosterné devant les reliques de sainte Opportune nous la conjurâmes avec larmes de ne pas abandonner ses enfants qui mettaient en elle leur confiance et de se souvenir que nous lui donnions le titre de mère. En même temps nous fîmes vœu de publier sa vie selon la faiblesse de nos forces, si elle daignait préserver et sauver nos chers paroissiens.

Le lendemain, 18 janvier 1871, près de deux mille Prussiens divisés en plusieurs colonnes parcouraient les routes de la paroisse en différents sens, et, quoique la commune passe pour être très-riche, non seulement ils n'imposèrent aucune réquisition ; mais ils ne causèrent, on peut l'affirmer, absolument aucun dommage, puisque les informations les plus minutieuses n'ont pu constater trente francs de perte dans toute la paroisse.

Nos infortunés voisins, emmenés par ces farouches soldats, conduisaient eux-mêmes leurs grains, leurs fourrages, leurs animaux et le mobilier de toute espèce, qu'on leur avait impitoyablement arrachés. Ils passaient au milieu de nous, attérés, demi-morts ; à nous on ne demandait rien ! (1) La bonne Opportune veillait sur ses enfants ; elle les avait sauvés.

Ce n'est pas tout. Quand vint l'armistice, d'après la ligne de démarcation fixée par MM. Jules Favre et Bismarck, la commune d'Almenêches se trouvait comprise dans le territoire prussien. Deux jours après, la ligne était modifiée et nous plaçait dans le terrain neutre, exempt de réquisitions et n'ayant à loger ni Prussiens, ni soldats français ; sainte Opportune veillait encore aux intérêts des siens.

Quelques personnes étrangères, qui s'étaient associées à la souscription votive des habitants d'Almenêches ont éprouvé la même protection.

« A mon retour à Paris, écrit l'une d'elles, j'ai trouvé mon mari préservé miraculeusement. J'avais fait à son intention une offrande à la chapelle de sainte Opportune, en reconnaissance j'envoie le double de ce que j'avais promis. »

« Mon homme d'affaires à Paris m'écrit, disait un autre, que presque toutes les maisons

---

(1) En traversant le bourg d'Almenêches, qui certes a une assez belle apparence, ces ennemis partout si avides disaient : « Vous pauvres, pas méchants ! nous pas faire
« de mal ! »

du quartier sont criblées par les boulets ; la mienne que j'avais vouée à sainte Opportune n'a pas une égratignure. Je double ma souscription. »

« Monsieur le curé, écrivait un troisième, veuillez, je vous prie, recevoir l'offrande ci-jointe pour la chapelle de sainte Opportune (un billet de cent francs.) C'est l'accomplissement d'un vœu fait pour la conservation de toute ma famille pendant l'époque si malheureuse que nous venons de traverser. »

La Providence de Séez, dont nous avons déjà signalé la dévotion pour sainte Opportune, avait voulu de bonne heure prendre part à la souscriptoin votive en faveur de la chapelle du *Pré-Salé*. Elle a été protégée d'une manière si particulière que nous ne pouvons passer ce fait sous silence. Nous en puisons les détails aux sources les plus pures.

A quelque distance de l'établissement, la communauté de la Providence partage par moitié avec une personne la jouissance d'une certaine grange dont l'entrée est commune.

Lorsque les ennemis envahirent la ville de Séez, il y avait de chaque côté dans cet appartement du grain et des fourrages de même espèce. Les religieuses avaient notamment à peu près au milieu de l'aire un sac de blé tout préparé pour le moulin. La grange fut promptement transformée en écurie et pendant l'occupation allemande elle garda cette destination. Durant tout ce temps, les soldats, qui évidemment ne pouvaient savoir à qui chaque chose appartenait, n'ont pas remué un brin de la paille ni du grain de la communauté, et ils ont enlevé absolument tout ce qui se trouvait de l'autre côté.

Le monastère de la Visitation à Caen, qui a le bonheur de posséder des reliques de sainte Opportune, professe lui aussi une tendre dévotion pour notre auguste Abbesse.

En adressant son offrande pour la chapelle du *Pré-Salé,* madame la Supérieure du monastère nous pria de solliciter, par une neuvaine en l'honneur de sainte Opportune, une faveur particulière. Quelques jours après elle demanda une messe d'actions de grâces. Pensant que ce qui était arrivé pouvait servir à la gloire de la Bienheureuse nous avons manifesté le désir de le connaître. Voici la réponse qu'a daigné nous envoyer la révérende mère de la Visitation :

« Nous n'avons point de miracle positivement
« à vous raconter, mais bien une protection

« très-particulière ; la personne n'a pas été
« guérie immédiatement par la chère sainte,
« mais elle a été secourue si à propos, si oppor-
« tunement par les remèdes de l'art, que son
« cœur attribue bien plus l'heureux résultat à
« la protection de la sainte invoquée qu'aux
« secours et efforts de la médecine. Honneur
« donc et remercîment à notre chère protec-
« trice. »

Combien d'autres faits de ce genre nous aurions à enregistrer depuis trois ans.

Ici c'est une malade qui a reçu les derniers sacrements, et que la médecine n'a aucun espoir de sauver ; une messe est dite à l'autel de sainte Opportune ; le jour même le danger disparaît et huit jours après on nous écrit qu'elle est entièrement guérie.

Là c'est un homme qui, à la suite d'une fracture, éprouvait des douleurs affreuses et continuelles ; il se recommande à sainte Opportune et, pendant qu'on offre à son intention le saint sacrifice, ses angoisses disparaissent pour ne plus revenir.

Tantôt ce sont des malades auxquels on ne peut parler de confession ; à peine ont-ils été recommandés à sainte Opportune qu'ils mettent ordre aux affaires de leur conscience, reçoivent en pleine connaissance les sacrements et vont quelques heures après paraître devant le tribunal de Dieu.

Une autre fois c'est un jeune homme des environs de Paris qui, sur le point de tirer au sort, réclame la protection spéciale de sainte Opportune. Huit jours plus tard il faisait remettre dix francs pour la chapelle du *Pré-Salé*; il avait amené le plus haut numéro.

Nous n'en finirions pas, si nous voulions raconter tous les faits de ce genre qui sont venus à notre connaissance. Sans doute nous n'avons point la prétention d'y voir des miracles ; mais ce sont des faveurs signalées qui, pour être moins éclatantes, n'en sont pas moins précieuses ; et, quand on les considère sérieusement, il est bien difficile de ne pas dire : « le doigt « de Dieu est là. »

Deux ans ne s'étaient pas écoulés depuis la bénédiction de la première pierre de la chapelle que déjà, grâce aux dons offerts spontanément, s'élevait dans le *Pré-Salé* un édifice gothique de treize mètres de long sur sept de large.

A l'intérieur, des colonnes et des colonnettes en faisceaux, surmontées de chapiteaux sculptés supportent une voûte à berceau de neuf mètres d'élévation. Quatre personnages peints sur verres font ressortir les élégantes fenêtres. C'est la princesse Opportune avant son entrée en religion, saint Godegrand son frère, évêque et martyr, sainte Lanthilde leur tante, abbesse d'un monastère voisin et saint Evroult fondateur des monastères de la nièce et de la tante.

Au-dessus de l'autel, dans une vaste niche éclairée par un jour dérobé, au sein d'une lumière mystérieuse, apparait, sortant pour ainsi dire d'un massif de fleurs et de verdure, sainte Opportune avec le costume d'Abbesse bénédictine. De grandeur naturelle, tenant de la main droite la crosse abbatiale et de l'autre un cœur, symbole, comme nous l'avons dit, de son ardente charité, le diadème sur la tête, un sourire angélique sur les lèvres, les yeux doucement élevés vers le ciel, elle semble en communication avec la divinité et elle inspire, comme par un charme irrésistible, des pensées et des affections toutes célestes. Aussi le pèlerin ou le visiteur qui entre dans la chapelle éprouve une sorte de saisissement et il n'est pas rare de l'entendre dire en sortant : «Oh que l'on prie bien ici ! »

Dès que le nouveau sanctuaire put être livré au culte, Monseigneur Charles Frédéric Rousselet, évêque de Séez, daigna lui conférer lui-même solennellement les bénédictions de l'église. La *Semaine Catholique de Seez* nous racontera encore cette auguste cérémonie :

« Le dimanche 16 avril (1871) Monseigneur l'évêque de Séez, accompagné de ses deux vicaires généraux, inaugurait sa tournée de confirmation par la bénédiction solennelle de la chapelle de sainte Opportune à Almenêches.

« Après la messe épiscopale M. l'abbé Rault, vicaire général et supérieur du grand séminaire, adressa un discours plein de chaleur et d'onction à un nombreux auditoire qui se pressait aux abords de la chapelle.

« Il commença par rappeler que Monseigneur inspira le premier la pensée d'ériger un sanctuaire dans le *Pré-Salé* à l'endroit même où, le lundi de Pâques 1847, sur un autel improvisé, il avait célébré le saint sacrifice. Puis il félicita la population de son zèle à perpétuer le souvenir de l'illustre vierge « qui, disait-il, embau-
« mant la terre du parfum des plus douces vertus,
« nous apparait entourée d'un brillant cortège
« de bienheureux. C'est Godegrand, son frère,
« couronné de la double auréole des pontifes et
« des martyrs, et la glorieuse abbesse Lanthilde
« sa tante, et son historien saint Adelin, évêque

« de Séez et saint Loyer, aussi évêque de Séez,
« qui lui donna le voile. Grande par la noblesse
« de son origine et par toutes les qualités du
« corps et de l'esprit, elle fut plus grande en-
« core par sa sainteté. Il y avait de son temps,
« à n'en pas douter, des princesses aussi nobles,
« aussi riches, aussi belles qu'Opportune ; per-
« sonne ne connait leur nom aujourd'hui, mais
« l'humble vierge, qui eut en mépris les vani-
« tés du monde, reçoit au centuple, même sur la
« terre, ce qu'elle avait quitté de gloire et de
« grandeur.

« Son culte est traditionnel parmi vous, mes
« frères, son souvenir vit dans vos cœurs, et du
« sein de Dieu où elle règne, elle protège ceux
« qui l'honorent et l'invoquent avec confiance.
« Naguères encore quand nos ennemis por-
« taient partout la guerre et le deuil, Exmes
« sa ville natale, Argentan où se continue dans
« sa ferveur primitive l'antique monastère d'Al-
« menêches et Almenêches, si fidèle dépositaire
« de la dévotion à cette glorieuse patronne, re-
« cevaient une preuve signalée de sa protection.

« O notre bonne dame sainte Opportune, s'est
« écrié l'orateur en terminant, c'est le nom
« qu'aimaient à vous donner nos pères, conti-
« nuez à veiller sur vos enfants, défendez-les

« toujours contre leur plus mortel ennemi, qui
« est le péché, et faites descendre de plus en
« plus les célestes bénédictions sur le premier
« pasteur de ce diocèse et sur le troupeau ! »

Après le chant du *Te Deum*, qui termina la cérémonie, une foule avide pénétra dans le nouveau sanctuaire, comme pour recueillir les prémices des grâces qu'y viendront sans doute puiser un jour de nombreux pèlerins. »

Une dernière consécration était encore réservée à la chapelle du *Pré-Salé*; une part des reliques de sainte Opportune venues du diocèse de Versailles lui étaient destinées.

Le dimanche dix septembre 1871, après les vêpres, la sainte patronne alla prendre solennellement possession de son sanctuaire béni. Non seulement les enfants et les jeunes filles vêtues de blanc, mais aussi les grandes personnes portaient un bouquet à la main. Chacun voulait offrir au moins une fleur à la douce Opportune et, lorsque ses reliques sacrées furent placées dans la chapelle, tous vinrent successivement déposer devant elles ces fleurs emblèmes de leur piété filiale.

A partir de ce moment, les dons spontanés, offerts dans le but de terminer et d'orner l'édifice, sont devenus plus abondants et le pèlérinage plus fréquenté. Non seulement les fidèles accourent de toutes parts aux messes célébrées pour les bienfaiteurs de l'œuvre, mais beaucoup de personnes viennent isolément demander soit la guérison d'un malade, la conversion d'un pécheur, soit le succès d'une entreprise, la préservation des fléaux : et presque toujours ces prières sont exaucées.

Qu'on nous permette de citer encore quelques faits arrivés depuis peu de temps.

Une affaire très-importante était désespérée. Le 24 janvier 1872, elle est recommandée dans la chapelle du *Pré-Salé* et 24 heures plus tard une dépêche télégraphique annonçait un succès complet.

Au mois de mars 1872, un jeune homme âgé de 20 ans était, au dire du médecin, atteint de deux maladies mortelles et il avait reçu les derniers sacrements. Sur la demande de sa famille désolée, la sainte messe est offerte pour lui à l'autel de sainte Opportune ; le jour même un mieux sensible se manifeste et peu de temps après il est parfaitement guéri.

Depuis trois semaines un homme souffrait d'une fièvre intermittente accompagnée parfois de délire. Loin de céder aux remèdes de l'art, elle devenait de jour en jour plus violente.

Un matin, le 21 juin 1872, à l'aube du jour, l'épouse du malade, sans le prévenir, va faire un voyage à la chapelle du *Pré-Salé*. A son retour elle trouve son mari qui transpirait abondamment. La fièvre l'avait quitté sans retour.

Le 13 mai 1872, une personne d'Almenêches remet 60 francs pour la chapelle du *Pré-Salé*.
« J'avais promis, dit-elle, de donner dix francs
« si sainte Opportune m'obtenait une grâce à
« laquelle je tenais beaucoup, j'ai été exaucée.
« En outre, depuis plus de quatre ans, nous
« avions une créance de plusieurs mille francs
« que nous ne pouvions toucher ; nos titres
« étaient périmés et nous étions exposés à
« perdre tout. J'ai fait vœu de donner cinquante
« francs pour la chapelle, si nous étions payés.
« Dans la semaine même, nous avons reçu notre
« créance entière avec tous les intérêts, sur
« lesquels nous ne comptions pas, je viens donc
« m'acquitter, et de grand cœur, du double vœu
« que j'avais contracté. »

En présence de ces faits et de beaucoup d'autres, que la discrétion nous engage à passer sous silence, il est impossible de ne pas reconnaître l'action directe et toute spéciale de la puissance divine, qui se plaît à encourager la dévotion envers son illustre servante, et de ne pas s'écrier :

Honneur et confiance à la bienheureuse Opportune ! gloire, reconnaissance et amour à Dieu qui opère de si admirables prodiges dans ses Saints.

FIN.

PIÈCES JUSTIFICATIVES

A. Enquête sur la résurrection d'un enfant mort-né.

A la louange et honneur du Père Tout-puissant et de la bienheureuse vierge Opportune, autrefois abbesse du monastère de Sainte-Marie d'Almenêches, en l'évêché de Séez.

Jeanne, femme de Jean Julien d'Almenêches, après de grands travaux accoucha, le lundi de la Trinité le 14 du mois de juin environ midi, d'un enfant mort-né que certaines femmes mirent en terre profane proche la maison dudit Julien en laquelle il demeura une demie heure. Marie d'Alençon pour lors abbesse le scut. Elle le voua à Dieu et à sainte Opportune et commanda aussitôt qu'on l'exhumât et qu'on le lui donnât. L'ayant reçu, elle le porta sur l'autel de sainte Opportune, qui était dans l'église abbatiale, et s'étant mise en prières devant la sainte, ensemble des prêtres et des religieuses et le peuple de l'un et de l'autre sexe, cet enfant qui avait été en terre une demie heure sans aucune vie commença de vivre devenant chaud, fort rouge et baillant, en sorte qu'il reçut le baptême, et sur le minuit de la nuit suivante, il rendit sa belle-âme à celui qui l'avait remise dans son corps. Ces choses ayant été rapportées au seigneur évêque Gilles de Laval, il envoya promptement M. Robert de la Corbière, son official et grand-vicaire, et M. C. Noël Manchon, promoteur de la Cour ecclésiastique, lesquels ayant examiné diligemment et exactement la chose, en dressèrent un procès-verbal qui nous doit persuader de la vérité du fait, après une information si canonique, lequel est signé de l'abbesse Marie d'Alençon, de ses religieuses qui furent toutes examinées, de Massine, fille de Jean Leroux, etc. (Extrait des archives de l'évêché de Séez.)

B. Procès-verbal remis à M. Pavy par les chanoines de Vendôme avec les reliques de sainte Opportune données à l'abbaye d'Almenêches.

Cejourd'hui quinzième jour de juin 1624, à l'issue de la grand'messe du chœur, s'est présenté M. Pierre Pavy, prêtre, demeurant en l'abbaye d'Almenêches, au diocèse de Séez, qui a présenté à Messieurs de notre collégiale, une lettre-missive de dame Louise de Médavi, abbesse, duquel lieu d'Almenêches, contenant les réitérées prières et supplications de lui faire délivrer quelques parties des reliques de sainte Opportune, dont le corps, avec celui de saint Godegrand, évêque de Séez, repose en cette église; ensuite de la prière qu'en avait fait elle-même en personne dans cette église, dès le mois d'octobre passé et ensemble ayant lequel Pavy un mandement de Monseigneur le Révérendissime évêque de Chartres, pour faire délivrer à laquelle dame les reliques par elle désirées; vu lesquelles lettres de mandement, le chapitre assemblé en la chapelle de sainte Opportune, a été ordonné qu'il sera fait ouverture de la capse où reposent les corps de saint Godegrand et de sainte Opportune pour satisfaire au désir de laquelle dame et au mandement de Monseigneur l'évêque de Chartres. Et après que M. Hémon, chevecier de laquelle église, eut dit et célébré la sainte messe: revêtu d'aube et étole, en présence duquel Pavy, a tiré une partie du chef, une autre du bras et une parcelle de l'épine du dos avec une pièce du cilice, de laquelle sainte Opportune, plus un os du bras du corps de saint Godegrand, avec une petite pièce de la robe duquel saint. Lesquelles reliques ont été remises aux mains duquel Pavy, qui s'en est chargé et promis d'icelles délivrer à laquelle dame pour être mises et gardées dans l'église de laquelle abbaye d'Almenêches. (Extrait du manuscrit de Marin Prouverre Bichetaux, prieur dominicain à Argentan.)

C. Reliques données à la paroisse d'Almenêches par madame de Chambray. (Procès-verbal.)

L'an 1738, le vingt-et-unième d'avril, ouverture a été faite d'un reliquaire appartenant à l'abbaye d'Almenêches, dans lequel il s'est trouvé plusieurs ossements de différents Saints entre lesquels il s'est trouvé deux os sur lesquels il était écrit : « S^e Opportune » le plus petit desquels a été donné pour être mis dans une châsse ou reliquaire, dont messieurs les curés Pierre le doyen et Nicolas Simon, pour lors curés du dit lieu d'Almenêches, ont fait la dépense à cette intention, laquelle ouverture a été faite du consentement de Monseigneur l'Illustrissime et Révérendissime Évêque de Séez, en présence de noble dame, madame Hélène-Marthe de Chambray, abbesse de l'abbaye royale d'Almenêches, autres religieuses et les dits sieurs curés et de nous Pierre Dupuis, prêtre confesseur de la dite abbaye qui avons fait la dite ouverture dans l'église de la dite abbaye d'Argentan, lequel ossement a été présentement par nous mis aux mains des dits sieurs curés pour être mis dans le dit reliquaire pour l'église paroissiale du dit Almenêches. Autant du présent a été délivré aux dits sieurs curés.

Signé : Hélène-Marthe de Chambray, abbesse, P. Ledoyen, N. Simon, P. Dupuis.

D. Authenticité des reliques de Sainte Opportune à Moussy-le-Neuf.

L'an mil huit cent vingt-six, neuvième jour du mois de septembre, à huit heures du matin, nous soussigné, Bernard-Joseph-André Pruneau, prêtre, chanoine honoraire de l'église cathédrale de Meaux, chargé par commission extraordinaire de Monseigneur l'Illustrissime et Révérendissime Jean-Joseph-Marie-Victoire de Conac, évêque de Meaux, de vérifier les reliques de son diocèse, et d'apposer son petit scel épiscopal aux châsses et reliquaires contenant des reliques accompagnées d'authentiques incontestables et aux châsses ou reliquaires qui auraient été certainement et indubitablement l'objet de la vénération des fidèles avant la Révolution de 1792, lors même que les dites reliques se trouveraient maintenant dépourvues de preuves écrites de leur authenticité par suite des troubles de la Révolution, nous nous sommes transportés en l'église Saint-Vincent de Moussy-le-Neuf, anciennement diocèse de Paris maintenant diocèse de Maux, accompagné de monsieur Augustin-Solange Gillet, curé desservant de Moussy-le-Vieux, binant à Moussy-le-Neuf, lequel nous a présenté trois châsses fermant à clef, savoir :

1º L'une de Sainte Opportune en forme de buste avec deux anges aux deux côtés ayant vingt-six pouces de face par la base, un pied de large et deux pieds et demi dans sa plus grande hauteur.

2º Une autre dite des Saints Cante, Cantian et Cantianille, en forme de tombeau, derrière laquelle sont peints ces mots : « Sainte Cantianille » et au-dessus par devant, ces mots : « Saints Cante Cantian et Sainte Cantianille. » ladite châsse haute de vingt pouces hors œuvre, sur onze pouces de large.

3º Une autre châsse de même forme, mais d'une dimension un peu moindre en devant de laquelle sont peints au haut ces mots : « Saint Godegrand, évêque de Séez, frère de Sainte Opportune. »

Dans la châsse de sainte Opportune nous avons trouvé un chef enveloppé dans une étoffe de soie, sur le sommet duquel était de la cire rouge sans empreinte, et à côté un cachet empreint sur de la cire rouge avec ces mots au milieu : « République française. » et ces autres autour : « Municipalité de Moussy. »

Dans la châsse des saints Cante, Cantian et sainte Cantianille, étaient plus de vingt ossements, la plupart considérables et enveloppés dans différents linges blancs. Dans la châsse dite de saint Godegrand, nous avons trouvé un ossement d'environ quatre pouces de long sur dix-huit lignes de large.

Ayant demandé à monsieur le curé des preuves de l'authenticité de ces reliques, il nous a présenté comme témoins dignes de foi, 1º le sieur Gabriel Marsilly, menuisier, âgé de 66 ans, lequel a certifié avoir soustrait les trois châsses, conjointement avec défunt Jean Martin, bedeau de la paroisse, et les avoir déposées chez défunt Alexis Levasseur, alors greffier de la commune, lequel les a conservées pendant toute la Révolution, dans un grand coffre, les clefs restant entre les mains du susdit défunt Jean Martin. 2º Joachim Levasseur, âgé de 55 ans, fils du dit défunt Alexis, lequel nous a certifié avoir connaissance certaine du fait énoncé par le susdit Marsilly. 3º Louis Charles Ferré, âgé de 73 ans et demi, propriétaire, et Nicolas Berthe, âgé de 71 ans, encore chantre de la paroisse, comme il l'était avant la Révolution, lesquels nous ont attesté avoir connaissance certaine du dit fait. Ces quatre témoins nous ont de plus déclaré que les trois châsses étaient autrefois conservées dans l'abbaye de Sainte-Opportune, sise dans la même paroisse, qu'on les portait toutes les trois en procession dans le pays, le jour de Sainte-Opportune, le dimanche dans l'octave, et le jour même de l'octave; qu'au moment de la Révolution, l'abbaye ayant été dissoute, les trois châsses avaient été apportées à l'église paroissiale, jusqu'au moment où les susdits Marsilly et Martin, s'étaient crus obligés de les enlever, pour les soustraire aux fureurs révolutionnaires. Tous ont encore déclaré reconnaître spécialement le chef de sainte Opportune pour l'avoir vu bien souvent exposé et montré au peuple, ce qui arrivait à peu près tous les trois ou quatre ans.

Le susdit Ferré a déclaré en particulier avoir vu étant enfant, monsieur Daligre, abbé de Sainte-Opportune, mettre son cachet sur le chef de sainte Opportune, ce que le dit abbé avait fait par précaution, parce que la châsse de sainte Opportune ayant été portée à la paroisse en procession, et le curé l'ayant gardée plus longtemps que ne l'aurait voulu le susdit abbé, celui-ci craignit qu'on ne vînt un jour à enlever la relique, et crut devoir y poser son sceau. Cette explication nous a fait conjecturer avec les témoins que la cire que nous avions vue sur le susdit chef, n'était autre que le cachet même de monsieur Daligre, que l'on avait surchargé dans un temps où l'on aurait pu craindre tout ce qui ressentait l'ancien régime, et que l'on aurait cru devoir y substituer celui de la commune.

Nous soussigné, après avoir mûrement pesé

les témoignages, et le saint nom de Dieu invoqué, nous avons reconnu au nom de Monseigneur, le chef à nous présenté, pour être celui de sainte Opportune, vierge honorée de temps immémorial dans la paroisse, et ayant détruit la cire sous empreinte de cachet aussi bien que le cachet de la municipalité, nous avons enveloppé presque entièrement le chef dans une étoffe de taffetas, puis nous l'avons attaché avec quatre rubans de soie rouge, croisés, sur lesquels nous avons apposé le petit scel épiscopal, aux deux endroits.

Nous avons de même reconnu les ossements renfermés dans les autres châsses, pour être les mêmes reliques qui étaient autrefois honorées dans l'église de l'abbaye et dans les processions. En conséquence, nous les avons renfermées de nouveau, et nous avons apposé le petit scel épiscopal à l'ouverture des deux châsses. En foi de quoi nous avons dressé le procès-verbal présent, et l'avons signé avec les témoins nommés, les dits jour, mois et an que dessus. Signé : Ferré, Levasseur, N. Berthe, L. Deflers, Sauvant, C. A. Deflers, étudiant au Petit-Séminaire, Pruneau, chanoine.

E. Cantique en l'honneur de sainte Opportune, chanté à Moussy, pendant la neuvaine.

Vous régnez dans les cieux douce et sainte pa-
[tronne,
Vous régnez au milieu d'éternelles splendeurs,
Nous, tristes exilés aux champs de Babylone,
Nous combattons le monde et ses folles erreurs.

    Nous célébrons votre victoire,
    Opportune, dans ces beaux jours,
    Du sein de votre gloire
    Protégez-nous toujours.

La riche Normandie, où le ciel vous fit naître,
Dans le nom d'Opportune encor met son espoir,
Vos miracles ont fait souvent ici connaître
Combien vous nous aimez, quel est votre pouvoir.

    Nous célébrons votre victoire,
    Opportune, dans ces beaux jours.
    Du sein de votre gloire
    Bénissez-nous toujours.

Des révolutions un jour le brusque orage
Porta jusqu'en ces lieux vos restes vénérés,
Depuis, le peuple en foule offre ici son hommage
En se pressant autour de vos autels sacrés.

    Il célèbre votre victoire,
    Opportune, dans ces beaux jours,
    Du sein de votre gloire
    Priez pour lui toujours.

Près de ce temple antique, un autre sanctuaire
D'Opportune longtemps renferma le tombeau,
De saints religieux au fond d'un monastère
De son culte bénit conservaient le flambeau.

  Et nous, célébrons la victoire
  D'Opportune dans ces beaux jours,
   Qui du sein de sa gloire
   Nous bénira toujours.

Quand des troubles nouveaux effrayaient nos
          [contrées,
Moussy, pour conserver son précieux trésor,
Plaça sur cet autel vos reliques sacrées,
Et nous venons ici les vénérer encor.

  Nous célébrons votre victoire,
  Opportune, dans ces beaux jours,
   Du sein de votre gloire
   Protégez-nous toujours.

Témoin de notre amour, glorieuse patronne,
Protégez nos travaux, nos familles, nos champs,
Tressez pour nous au ciel l'immortelle couronne,
Accueillez tous nos vœux, souriez à nos chants.

  Nous célébrons votre victoire,
  Opportune, dans ces beaux jours,
   Du sein de votre gloire
   Protégez-nous toujours.

Oh! de sainte Opportune et le frère et le guide,
Godegrand, vos deux noms sont unis dans nos
[cœurs,
Aidez-nous à lutter contre un monde perfide,
Aidez-nous à braver ses piéges, ses erreurs.

    Nous célébrons votre victoire,
    Opportune, dans ces beaux jours,
    Du sein de votre gloire
    Bénissez-nous toujours.

Tous deux auprès de Dieu, sur des trônes de
[gloire,
Inclinez jusqu'à nous un regard protecteur,
Daignez à nos combats assurer la victoire,
Daignez nous obtenir votre éternel bonheur.

    Nous célébrons vos victoires,
    Saints patrons, dans ces beaux jours,
    Du milieu de vos gloires
    Priez pour nous toujours.

F. **Cantate pour la Translation des reliques de saint Godegrand.** (5 avril 1847).

(Air : *Célébrons ce grand jour*).

SÉEZ.

Que deux peuples amis, que deux peuples de
[frères,
Dans ces lieux mêlent leurs accents,

Du martyr, de la Vierge honorée de nos pères,
  Chrétiens, voilà les ossements.
  Ces restes à jamais illustres,
  Que tant de races ont bénis,
  Séparés depuis tant de lustres
  Enfin vont être réunis.

TOUS ENSEMBLE.

  Salut, salut, cendres sacrées,
  Soyez parmi nous à jamais ;
  Toujours sur ces belles contrées
  Répandez de nouveaux bienfaits (*bis*).

ALMENÊCHES.

Ce sol que vous foulez, cette verte prairie
  D'Opportune a vu le pouvoir,
Elle est propice à tous, et l'humble qui la prie,
  Toujours voit combler son espoir.
  A tromper notre confiance,
  Commencerait-elle en ce jour ?
  Invoquons là : sa puissance
  Répond encore à son amour.
    Salut, salut, etc.

SÉEZ.

Godegrand pour nous tous n'a pas moins de
                    [tendresse,
  Le martyr n'est pas moins puissant ;

Pour arracher son peuple à la main qui l'op-
[presse.
 Voyez-le verser tout son sang,
 Voyez sa poitrine percée,
 Par le fer d'un cruel bourreau ;
 Mourant, sa dernière pensée
 Est de prier pour son troupeau.
  Salut, salut, etc.

ALMENÈCHES.

O glorieux martyr, ô vierge incomparable,
 Tous deux recevez notre encens ;
Tous deux tendez au faible une main secou-
[rable.
 Tous deux fertilisez nos champs.
 Et toi, qui rends à nos hommages
 Ces restes chers à notre cœur,
 Ah ! qu'à jamais dans nos villages,
 On te bénisse, ô doux pasteur !

TOUS ENSEMBLE.

 Jurons amour et confiance
 Aux restes qui sont sous nos yeux
 Et que toujours à leur présence,
 La ferveur s'accroisse dans ces lieux *(bis)*.

G. Bref de sa sainteté Pie IX, accordant trois Indulgences plénières par an à ceux qui visitent l'église d'Almenêches.

PIUS. P. P. IX.

Universis christi fidelibus prœsentes litteras inspecturis salutem et Apostolicam Benedictionem.

Ad augendam fidelium religionem animarumque salutem cœlestibus ecclesiæ thesauris pia charitate intenti, ommibus utriusque sexus christi fidelibus vere pœnitentibus et confessis, ac sancta communione refectis, qui parochialem ecclesiam loci vulgo « Almenêches » nuncupati diœceis sagiensis, dominicis Pentecôtes et SS. ^{mæ} Trinitatis necnon uno alio anni die per ordinarium semel designandum vel uno ex septem diebus immediate respective sequentibus cujusque fidelium arbitrio sibi eligendo singulis annis devote visitaverint, ibique pro christianorum principum concordia, hæresum extirpatione ac sanctæ matris ecclesiæ exaltatione pias ad Deum preces effuderint, quo die prœdictorum id egerint, Plenariam omnium peccatorum suorum indulgentiam et remissionem quam etiam animabus Christi fidelium quæ Deo in charitate conjunctæ ab hac luce migraverint per modum suffragii applicare possint misericorditer in domino concedimus. Præsentibus ad decennium tantum valituris.

Datum Romæ apud S. Petrum sub annulo piscatoris die xxix Julii mdccclxvii pontificatus nostri anno vigesimo secundo. Cardinalis Parracciani Claretti.

II. Hymne antique de sainte Opportune.

> Sacræ stupenda virginis
> Opportunæ miracula,
> Hujus celebret agminis
> Concio voce modula.
>
> Virtutum hœc operatrix
> Multis subvenit sedulo
> Dum fervens esset oratrix
> Pro supplicanti populo.
>
> Morbos fugavit sœpius
> Claudis gressum restituit,
> Ac cœcis lumen clarius
> Mutos vocales reddidit.
>
> Aves exclusit noxias
> Geminato miraculo,
> Nam mortuœ reliquias
> Novo ditat corpusculo.
>
> Hinc prati viror ocius
> Candentis salis grandine
> Vestitur, et quantocius
> Fertur asellus dominæ.

Post hæc antistes sternitur
Multo perfusus sanguine,
Cujus cadaver conditur
Sacra jubente virgine.

Tandem quem vitâ regulus
Visu privârat noxio,
Fit vivens christi servulus
Hujus matris auxilio.

Quæsumus, auctor omnium,
In hoc paschali gaudio,
Ab omni mortis impetu
Tuum defende populum.

Gloria tibi domine,
Qui surrexisti a mortuis
Cum patre et almo spiritu
In sempiterna secula. Amen.

Antienne de sainte Opportune.

Vade, vende quæ habes, et da pauperibus, et habebis thesaurum in cœlo ; et veni, et sequere me. Alleluia.

Litanies de sainte Opportune.

Kyrie eleison etc,
Sancta mater Opportuna, ora pro nobis.
Opportuna sacratissima, ora pro nobis.
Opportuna gloriosissima, ora pro nobis.
Advocata nostra dulcissima, ora pro nobis.

Ancilla christi amabilissima,
Auxiliatrix nostra tutissima,
Arca totius sanctitatis purissima,
Castitatis lilium mundissimum,
Charitatis exemplar suavissimum,
Claritatis jubar nitidissimum,
Gloria hujus domus clarissima,
Gratiarum apotheca fragrantissima,
Humilitatis norma perfectissima,
Insigne exemplar nostræ devotionis,
Imitatrix vera sui salvatoris,
Innocentissima hostia sui Redemptoris,
Mater nostra piissima,
Mater filiarum suarum dulcissima,
Mediatrix nostra apud deum certissima,
Norma nostræ religionis rectissima,
Necessitatum nostrarum optima sublevatrix
Obedientiæ ac religionis magistra et doctrix
Omnium afflictorum dulcissima consolatrix,
Omnium egentium vera mater et nutrix,
Regis summi filia clarissima,
Regis æterni sponsa suavissima,
Regina unitatis potentissima,
Rosa inter spinas speciosissima,
Refugium nostrum tutissimum,
Speculum morum mundissimum,
Templum spiritûs sancti acceptissimum,
Tribulationis nostræ anchora sacratissima,
Tutrix hujus parochiæ fidelissima,

Ora pro nobis.

Ora pro nobis.

Ora pro nobis.

Virgo prudentissima,   Ora pro nobis.
Virgo clementissima,   Ora pro nobis.
Virgo christo charissima, Ora pro nobis.
Per matris nostræ suffragia, parce nobis domine.
Per ancillæ tuæ vota, exaudi nos domine.
Per sponsæ tuæ merita, miserere nobis.

℣. Specie tua et pulchritudine tua.
℟. Intende prospere, procede et regna.

Deus sanctæ puritatis amator, qui beatæ Opportunæ castum virginitatis propositum infudisti, da nobis quæsumus, sic ejus religionem et sanctimoniam venerari, ut perpetuis ejusdem mereamur foveri præsidiis. Per Christum.'

TABLE DES MATIÈRES

	Pages
Introduction	1

LIVRE PREMIER.
VIE DE SAINTE OPPORTUNE
D'APRÈS SAINT ADELIN.

Préface.................................... 1

Chapitre I. Naissance de sainte Opportune. — Sa piété. — Son entrée en religion. — Un ange la conduit dans le monastère d'Almenêches....... 5

Chapitre II. Vertus d'Opportune dans la vie religieuse. — Elle devient abbesse. — Ses austérités. — Sa charité. — La corbeille de roses. — Dieu accorde à Opportune le don des miracles. — Le *Pré-Salé*. — L'oiseau ressuscité......... 12

Chapitre III. Départ de saint Godegrand pour Rome. — Ses adieux. — Perfidie de Chrodebert. — Retour du saint Évêque. — Son martyre. — Opportune connaît par révélation la mort de son frère. — Personne ne peut soulever le corps du martyr. — Opportune l'emporte dans ses bras. 30

Chapitre IV. Eminente sainteté et miracles de la Bienheureuse. — Elle prédit le jour de sa mort.

— Ses dernières recommandations. — Sainte Luce et sainte Cécile viennent la visiter pendant sa maladie. — Un démon lui apparaît. — Elle meurt en voyant la Sainte Vierge............. 41

APPENDICE.

Vie de sainte Opportune, en vers............... 53

LIVRE SECOND.
CULTE DE SAINTE OPPORTUNE
DEPUIS SA MORT JUSQU'A NOS JOURS.

Chapitre I. Pieuses manifestations en l'honneur d'Opportune. — Les fidèles se partagent ses vêtements, et commencent à l'invoquer. — Sa sainteté se manifeste par des miracles. — L'Église autorise son culte, et expose ses reliques à la vénération publique. — Invasion des Normands. — Les reliques de la Bienheureuse sont portées à Moussy. — Elles y opèrent de nombreux prodiges — Altrude est forcée de recourir à l'intercession de sainte Opportune........ 63

Chapitre II. Hildebrand II emporte de Moussy à Paris une partie des reliques de sainte Opportune. — Honneurs dont elles y furent l'objet. — Guérison d'Adalard. — Une aveugle recouvre subitement la vue. — L'oiseau merveilleux...... 74

Chapitre III. Saint Adelin est nommé évêque de Séez. — Il fait vœu d'écrire la vie de sainte Opportune. — De terribles épreuves lui rappellent ses promesses oubliées. — Opportune le sauve miraculeusement. — Pendant qu'Adelin écrit à Almenêches l'histoire de la Bienheureuse, une femme est guérie subitement. — Otolgrin recouvre la santé. — Le démon est chassé du corps d'Osbrège........................ 79

Chapitre IV. Miracles opérés à Moussy-le-Neuf. — Châtiment de l'impie Anastase. — Des bœufs volés sont miraculeusement retrouvés. — Les reliques de la Bienheureuse sont portées à Senlis. — Un pèlerinage s'établit dans cette ville. — Mort affreuse d'Alimar. — Ravages des soldats de Bozon à Moussy. — Erchenté est miraculeusement protégé. — Un chef de pillards converti — Fondation du prieuré de Moussy-le-Neuf.... 95

Chapitre V. A quelle époque la châsse de sainte Opportune fut rapportée de Moussy à Almenêches. — Diffusion des reliques de la Bienheureuse. — Des cloches mises d'elles-mêmes en branle font retrouver son chef auguste. — Aspect d'Almenêches à la fin du xi° siècle. — Restauration du monastère de sainte Opportune. — Incendie de l'abbaye. — Henri I, roi d'Angleterre, est vaincu en bataille rangée par Foulques, comte d'Anjou. — Geoffroy Grisegonelle emporte à Vendôme la châsse de sainte Opportune....... 106

Chapitre VI. Etat des reliques contenues dans la châsse de sainte Opportune. — Honneurs extraordinaires rendus à la Bienheureuse, dans la ville de Vendôme. — Etendue de son culte au

XII² siècle. — S⁶ Opportune patronne de l'Université de Poitiers. — Une église érigée à Poitiers sous son vocable, devient paroissiale. — Description d'un magnifique reliquaire........ 119

CHAPITRE VII. Antiquité du culte de sainte Opportune dans la Bretagne. — Origine de l'église paroissiale Sainte-Opportune en Retz. — Fondation d'un prieuré et d'une chapelle sous le vocable de la sainte Abbesse. — Développement de la ville de Paimbœuf. — Sa séparation de Sainte-Opportune en Retz. — La fête de la Bienheureuse est célébrée le 21 avril............... 129

CHAPITRE VIII. Eglise paroissiale de Sainte-Opportune à Lessay. — Quel en fut le fondateur. — Relations entre l'Hyemois et le Cotentin, au XI⁶ siècle. — Vénération dont sainte Opportune a été l'objet dans le diocèse de Coutances...... 135

CHAPITRE IX. L'abbesse Mathilde relève le monastère de Sainte-Opportune, brûlé par les soldats de Geoffroy Grisegonelle. — Lettre du pape Alexandre III aux religieuses d'Almenêches. — Hautes protections qui leur furent accordées. — Un enfant mort-né est ressuscité par l'entremise de sainte Opportune. — Relation d'un fait analogue par Nicolas Gosset.................. 140

CHAPITRE X. Un pèlerin est ressuscité dans l'église collégiale de Paris. — L'hôpital Sainte-Opportune. — La châsse et la côte miraculeuse de sainte Opportune. — Translation de son bras droit. — Solennité de ses fêtes. — Dévotion des Princes pour sainte Opportune............... 149

CHAPITRE XI. Restauration de l'église de sainte Opportune à Almenêches. — Culte de la Bienheureuse dans le diocèse de Séez. — La fête de sainte Opportune est chômée. — Louise de Médavy fonde deux prieurés en l'honneur de la sainte Abbesse. — Ellle obtient une partie de ses reliques. — Etat des tombeaux de saint Godegrand et de sainte Opportune au XVIIe siècle. — Marie-Louise de Médavy les détruit. — Tombeau commémoratif. — Autel de sainte Opportune 154

CHAPITRE XII. L'abbaye d'Almenêches est transférée dans la ville d'Argentan. — Lettre de Louis XV. — Les reliques de sainte Opportune sont emportées à Argentan. — Les habitants d'Almenêches en réclament et en obtiennent une partie. — Processions au *Pré-Salé*. — Légendes populaires sur le *Pré-Salé*. — Les bénédictines d'Argentan font constater l'authenticité des reliques de sainte Opportune................................... 167

CHAPITRE XIII. Les reliques de sainte Opportune sont en grande partie perdues ou profanées pendant la Révolution. — Des lumières mystérieuses apparaissent dans le cimetière de Senlis. — A Vendôme un ossement du chef de la Bienheureuse est préservé. — Poitiers sauve son précieux reliquaire. — Les habitants de Moussy-le-Neuf et d'Almenêches mettent en lieu sûr leurs chères reliques. — Les sanctuaires dédiés à sainte Opportune sont détruits. — Epreuves et vertus des Bénédictines................... 179

CHAPITRE XIV. Restauration du culte de sainte Opportune. — La neuvaine à Moussy-le-Neuf. — Deux miracles récents...................... 191

CHAPITRE XV. Dernier coup d'œil sur Poitiers et Saint-Père en Retz. — Opportune prend possession de la magnifique abbaye de Lessay. — Affluence des pèlerins à ce sanctuaire. — La famille spirituelle de sainte Opportune est continuée par les Bénédictines d'Argentan.................... 199

CHAPITRE XVI. Almenêches après la Révolution. — Une impiété punie. — Les processions au *Pré-Salé* recommencent. — Châtiments visibles. — Une jeune fille aveugle recouvre subitement la vue. — Translation des reliques de saint Godegrand à Almenêches. — Développement du culte de sainte Opportune dans le diocèse de Séez. — Guérison d'une novice de la Providence de Séez. — Pie IX favorise la dévotion à sainte Opportune et l'enrichit d'indulgences.................... 206

CHAPITRE XVII. Un lundi de Pâques à Almenêches. — Erection d'une chapelle dans le *Pré-Salé*. — Almenêches merveilleusement protégé au passage des Prussiens. — Grâces extraordinaires. — Monseigneur l'évêque de Séez bénit la chapelle du *Pré-Salé*. — On y transporte les reliques de sainte Opportune. — Conclusion.............. 218

PIÈCES JUSTIFICATIVES.................... 241

FIN DE LA TABLE DES MATIÈRES.

ERRATA

Page 64, *au lieu de :* dnot, *lisez :* dont.

Page 78, *au lieu de :* descent, *lisez :* descend.

Page 138, *au lieu de :* Césisy-Belle-Etoile, *lisez :* Cérisy-la-Forêt (Manche).

Page 173, *au lieu de :* que renfermait, *lisez :* qui renfermait.

Page 200, *au lieu de :* et enrichir, *lisez :* et d'enrichir.

IMPRIMERIE DE PASCAL MONTAUZÉ A LAIGLE (ORNE).

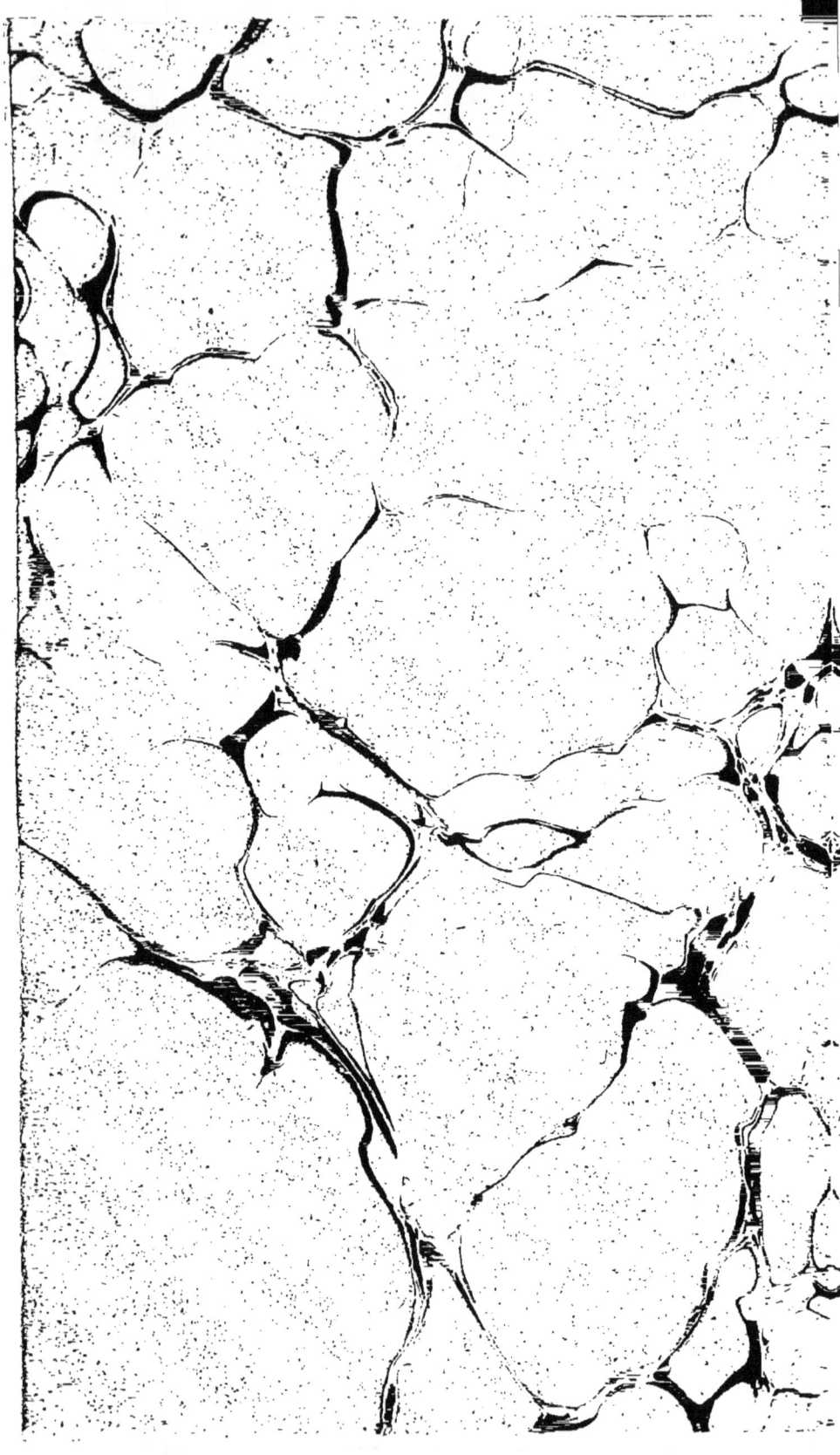

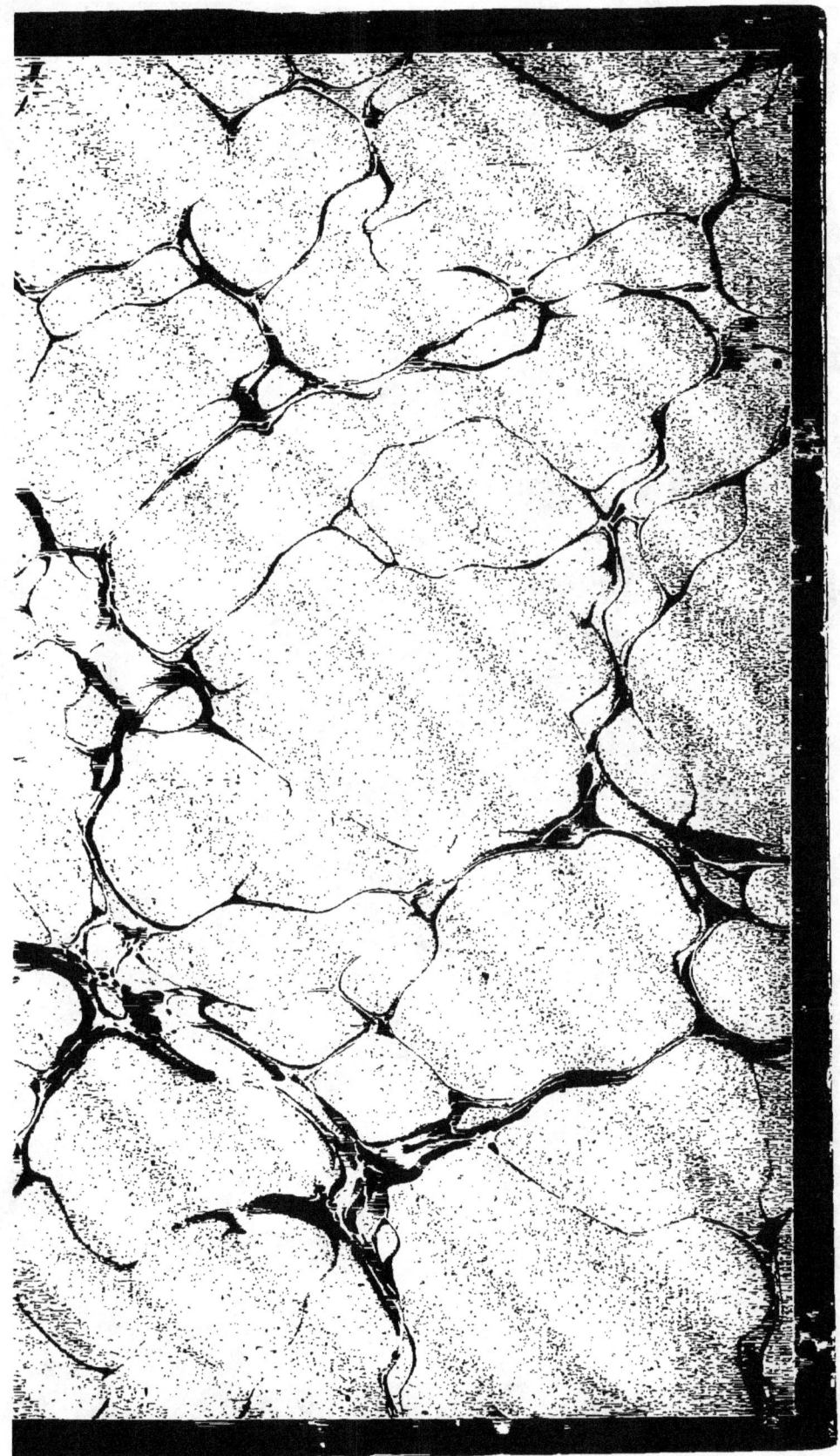

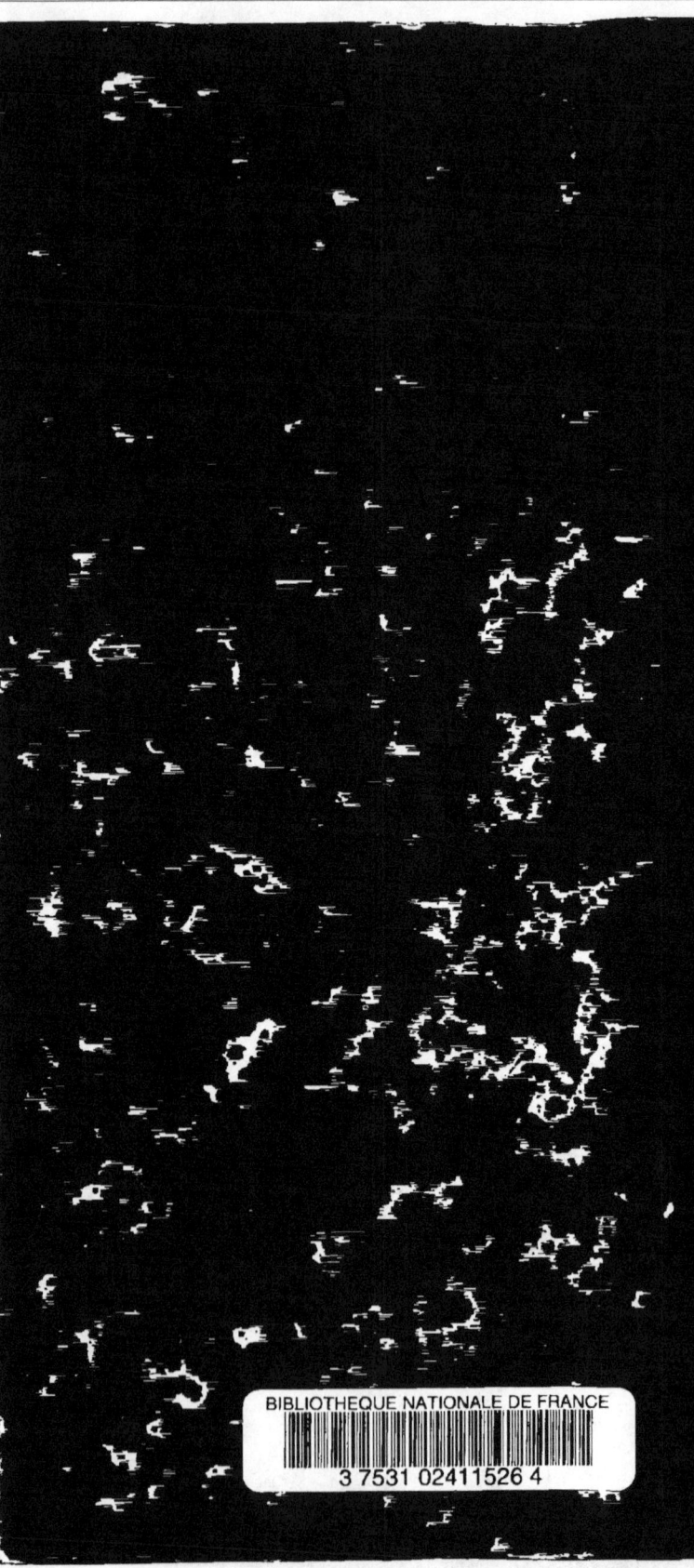

www.ingramcontent.com/pod-product-compliance
Lightning Source LLC
Chambersburg PA
CBHW071421150426
43191CB00008B/1006